GRILLEN

100 HEISSE IDEEN
VON SPARERIBS BIS GRILLFISCH

GRILLEN

100 HEISSE IDEEN VON SPARERIBS BIS GRILLFISCH

Texte und Rezepte: Reinhardt Hess
Fotos: Klaus-Maria Einwanger

DIE GU-QUALITÄTS-GARANTIE

Wir möchten Ihnen mit den Informationen und Anregungen in diesem Buch das Leben erleichtern und Sie inspirieren, Neues auszuprobieren. Bei jedem unserer Bücher achten wir auf Aktualität und stellen höchste Ansprüche an Inhalt, Optik und Ausstattung. Alle Rezepte und Informationen werden von unseren Autoren gewissenhaft erstellt und von unseren Redakteuren sorgfältig ausgewählt und mehrfach geprüft. Deshalb bieten wir Ihnen eine 100%ige Qualitätsgarantie.

Darauf können Sie sich verlassen:
Wir legen Wert darauf, dass unsere Kochbücher zuverlässig und inspirierend zugleich sind.
Wir garantieren:
• dreifach getestete Rezepte
• sicheres Gelingen durch Schritt-für-Schritt-Anleitungen und viele nützliche Tipps
• eine authentische Rezept-Fotografie

Wir möchten für Sie immer besser werden:
Sollten wir mit diesem Buch Ihre Erwartungen nicht erfüllen, lassen Sie es uns bitte wissen! Wir tauschen Ihr Buch jederzeit gegen ein gleichwertiges zum gleichen oder ähnlichen Thema um. Nehmen Sie einfach Kontakt zu unserem Leserservice auf. Die Kontaktdaten unseres Leserservice finden Sie am Ende dieses Buches.

GRÄFE UND UNZER VERLAG
Der erste Ratgeberverlag – seit 1722.

Inhalt

Grillhits, die schnell fertig sind:

Kaum glühen die Kohlen, dürfen Würstchen, bunte Spieße, kleine Schnitzel und so manches mehr auf den Rost, um dann auch schon nach kurzer Grillzeit auf dem Teller zu landen.

Ein Must für jeden echten BBQ-Fan:

Kein Grillfest ohne Hamburger oder Philadelphia Steakburger, die kennt jeder! Aber wie sieht es aus mit Piadine mit Grillkürbis, Käsetortilla oder Ochsenfetzen in der Semmel? Neugierig? Ausprobieren!

Der richtige Grill

Wenn die ersten Sonnenstrahlen im Frühjahr in die Gärten, auf Terrassen und Balkone scheinen, gibt es überall wieder Grillgeräte zu kaufen – von klein bis dampflokgroß. Da ein guter Grill nicht billig ist, sollte die Wahl wohlüberlegt sein.

Holzkohlegrill

Sie sind **die Klassiker** unter den Grills. Basis ist ein Behälter für die Holzkohle, der möglichst noch von einem Windschutz umgeben ist, damit die Asche nicht verweht wird. Auf den Kohlebehälter wird der Grillrost gelegt bzw. eingehängt. Lüftungsschieber sorgen für optimale Luftzirkulation und Hitzeentwicklung. Der Grill soll stabil und fest auf seinen Beinen stehen, am besten auch leicht zu zerlegen und aufzubewahren sein. Damit große und kleine, dicke und dünne Stücke gut zu grillen sind, darauf achten, dass der Rost einfach und ohne großen Aufwand in der Höhe zu verstellen ist. Komfortablere Geräte haben auch noch eine Vorrichtung zum Einhängen eines Grillspießes. Zum Anheizen braucht es etwas Geduld, bis zu einer dreiviertel Stunde dauert es, bis die Kohle richtig heiß ist.

Kugelgrill

Sie haben den Vorteil, dass unter dem **halbrunden Deckel** das Grillgut schneller gar wird als beim herkömmlichen Holzkohlegrill. Die kleinen, kompakten Ausführungen lassen sich leicht zum nächsten öffentlichen Grillplatz transportieren, sind also sehr flexibel einsetzbar. Sie eignen sich aufgrund ihrer Größe eher für überschaubare Grillrunden und geringe Grillmengen, da die Hitzeleistung nicht ganz so lange vorhält. Mit den großen Ausführungen kann man auch dicke Fleischstücke garen, Pizza backen und räuchern. Sie erzeugen schnell eine starke Hitze, die lange ausgenutzt werden kann. Allerdings brauchen sie auch viel Platz beim Überwintern.

Gasgrill

Ihr eindeutiger Vorteil: **Die gewünschte Hitze ist fix erreicht**, nach bereits wenigen Minuten kann gegrillt werden. Gasgrills lassen sich sehr fein regulieren, sodass das Gargut nicht verbrennt. Zudem gibt es keine Rauchentwicklung und die Entsorgung der Asche entfällt. Wichtig: Immer eine Reserve-Gasflasche bereithalten, damit jederzeit weitergegrillt werden kann.

Senkrechtgrill

Sie sind **die anpassungsfähigsten ihrer Art**. Bei ihnen lässt sich der Glutkorb nach dem Anheizen aufrecht stellen, sodass große Braten am Spieß oder Döner mit seitlicher Hitze gegart werden. Es tropft kein Fett in die Glut, es gibt keine Stichflammen. Bei waagrechter Stellung kann ganz traditionell gegrillt werden. Auf einen sicheren Stand und auf leichtes Nachfüllen der Holzkohle achten.

Elektrogrill

Die gewünschte Temperatur ist mit E-Grills schneller erreicht als mit Holzkohlegrills, aber langsamer als mit Gasgrills. **Heizschlangen** werden unter dem Grillrost zügig auf Rotglut erhitzt, Fett und Fleischsaft tropfen auf **Lavasteine** oder in eine **Wasserwanne**. Die Grillfläche ist eher klein, dafür nehmen die Geräte wenig Platz weg. Perfekt für alle mit kleiner Wohnung, die gerne auf Terrasse oder Balkon grillen. Achtung: Sie benötigen eine Steckdose in der Nähe des Grillplatzes!

Damit gelingt's:

Das Zubehör

Mit den richtigen Hilfsmitteln geht vieles beim Grillen einfacher. Was wobei hilft und einen Kauf wert ist, erfahren Sie hier.

Tipp
Sehr praktisch ist auch eine große Pinzette aus Metall, mit der man zum einen Grillgut wenden, zum anderen Kohle zurechtlegen kann. Gibt es bei den Haushaltswaren im Lebensmittelhandel oder in den Grillabteilungen der Gartencenter.

Ein **Anzündkamin** beschleunigt den Anheizvorgang enorm. In den Kamin werden Briketts auf Anzündmaterial gelegt, das dann angezündet wird. Heiße Luft steigt jetzt nach oben, während von unten ständig frische Luft angesaugt wird. Nach kurzer Zeit sind die Briketts durchgeglüht.

Mit einer **Kohlenschaufel** mit langem Stiel lässt sich der Brennstoff an den richtigen Platz befördern, die Glut verteilen und Kohle nachlegen – ohne dass man sich dabei verbrennt. Sie darf nicht lackiert sein und sollte einen wärmeisolierenden Griff haben.

Die **Grillzange** – feuerfest und mit langen Griffen – ist beim Grillen absolut unverzichtbar: zum Wenden des Grillguts, zum Anheben des Rosts oder zum Umlegen eines Kohlestücks.

In **klappbare Grillroste** und **Fischgriller** kann empfindliches Grillgut eingeklemmt und darin ohne Probleme gewendet und gegart werden. Sind die Abstände der Drähte nicht zu groß, lassen sich damit auch Würstchen und Garnelen grillen.

Mini-Töpfe aus Gusseisen können zum Heißmachen von Gemüse oder von Saucen an den Rand des Grillrosts gestellt werden. Alternativ ein stabiles Schälchen aus Alufolie formen.

Handschuhe aus hitzefestem Material, möglichst mit langen Stulpen, schützen die Hände vor der Glut – beim Abheben des Grillrosts, beim Kohleausschütten aus dem Anzündkamin.

Ein **Fleischthermometer** hilft beim Überprüfen des Garzustands: nach entsprechender Grillzeit die Thermometerspitze in die dickste Stelle eines großen Fleischstücks bis zur Mitte hin einstechen. Bei einer Kerntemperatur von 70° bis 85° ist das Fleisch innen rosig bis durchgebraten.

Perfekt grillen

Das Garen über heißer Glut übt auf viele einen unwiderstehlichen Reiz aus. Es knistert und glüht, ein wunderbarer Duft liegt in der Luft und grilltypische Röststoffe geben Fleisch, Fisch, Gemüse & Co. ein unvergleichliches Aroma.

Holz, Kohle oder Briketts?

Für alle klassischen Grills können harzarmes Holz, Grillkohle oder Grillbriketts als **Hitzequelle** verwendet werden. Gut abgelagertes, trockenes Holz von Buche, Birke oder Eiche braucht nach dem Anzünden ca. 1 Stunde, bis es schön glüht. Viel rascher bringt Grillkohle die heiße Glut zustande. Briketts benötigen hierfür zwar ein wenig mehr Zeit als Kohle, halten dafür aber auch die Hitze um einiges länger. Die beste Kohle wird aus deutschem Buchenholz hergestellt. Sie ist zwar nicht ganz billig, liefert aber eine extrem heiße Glut, die zudem noch relativ lange hält. Da Kohle ansonsten recht rasch verglüht, eignet sie sich besonders für kleine Grillrunden. Für große Gartenfeste besser zu Briketts greifen. Tipp: Meiden sollte man Billiggrillkohle, die oft ein Abfallprodukt von Urwaldrodungen ist.

So klappt's mit der Hitze

Im Grillbehälter dünne Holzscheite, Kohle oder Briketts **pyramidenförmig** über Anzündern **auftürmen** oder danach mit Zündflüssigkeit beträufeln. Anzünden und warten, bis die Hitzequelle von einer Ascheschicht überzogen ist, dann im Behälter verteilen. Die Grillhitze kann nun variieren, die Temperatur exakt zu bestimmen, ist nicht einfach. Also unbedingt bedenken, dass auch die Garzeiten anders als genannt sein können! Als Anhaltspunkt die Hand gut 10 cm über die Glut halten und »Wie heiß ist es?« sagen. Muss man dann sofort die Hand wegziehen, liefert die Glut eine sehr starke Hitze. Bei dreimaligem Aussprechen des Satzes ist es eine mittlere Hitze.

Passende Anzündhilfen

Am besten **feste Anzünder** aus natürlichen Materialien (z. B. gewachste Holzwolle) oder **Bio-Flüssiganzünder** verwenden. Beide verbreiten keinen unangenehmen Geruch, qualmen und rußen nicht, so wie es günstige Paraffinanzünder tun. Benzin und Spiritus sind gefährlich und können giftige Dämpfe entwickeln. Tipp: Einen Eimer mit Sand oder Wasser zum Löschen bereitstellen.

Ein Kamin für Briketts

Grillbriketts sind nicht ganz so leicht anzufeuern wie etwa Kohle. Am besten hierfür einen **Anzündkamin** (siehe S. 9) verwenden – damit kann man auch bei Briketts im Handumdrehen mit einer schönen Glut aufwarten, die dann gleichmäßig und ausdauernd die Hitze hält. Perfekt für alle etwas dickeren Fleischstücke, die auf dem Grill etwas länger brauchen, bis sie gar sind.

Sanftes Grillen mit Deckel

Für **indirektes Grillen** heiße Kohle zur Seite schieben und in der Mitte des Grillbehälters eine glutfreie Zone schaffen. Dorthin kommt eine Aluschale mit etwas Wasser darin. Den Rost auflegen und das Grillgut über der Schale platzieren, den Grill mit dem Deckel schließen. Auf diese Weise garen größere Fleischstücke oder Hähnchen ohne zu verbrennen bei sanfter Hitze, die von den Seitenwänden und dem Deckel des Grills abstrahlt. Gewendet werden muss nur ab und zu.

Kleine Stücke

Grill anwerfen und los geht's!
Dabei dürfen Würstchen und Spießchen,
kleine Schnitzel und Koteletts nicht fehlen.
Denn wenn die ersten Rauchwölkchen
aufsteigen, macht sich der Hunger schnell
bemerkbar und will gestillt werden.
Gut, wenn es dann auch gleich ein paar
Stücke gibt, die rasch gegrillt sind.
Je mehr, desto besser …

Bratwurstspieße mit Knoblauchbrot

Für 4 Personen
Zubereitung: ca. 35 Min.
Grillen: 12 Min.
Pro Portion: ca. 400 kcal,
9 g EW, 34 g F, 14 g KH

50 g weiche Butter
2 EL Olivenöl
2 – 3 Knoblauchzehen
Salz | Pfeffer
je 1 große rote und
grüne Paprikaschote
4 Scheiben Toastbrot
(vom Vortag)
3 helle Schweinsbratwürste
(je ca. 75 g)
3 rote Rindsbratwürste
(je ca. 75 g)

Außerdem:
8 lange Metallspieße
Öl zum Bestreichen

1. Die Butter und das Olivenöl in eine Schüssel geben und hellcremig rühren. Knoblauch schälen, sehr fein hacken und unter die Buttermischung rühren. Mit Salz und Pfeffer würzen. Knoblauchcreme kurz kühlen, sie soll aber streichfähig bleiben.

2. Die Paprikaschoten halbieren, Samen und helle Trennwände entfernen. Schoten waschen und längs in 3 cm breite Streifen, dann diese in Quadrate schneiden. Paprikastücke in einer Schüssel mit Salz und Pfeffer vermischen.

3. Die Toastbrotscheiben entrinden. Die Hälfte der Scheiben mit Knoblauchcreme bestreichen, die unbestrichenen Scheiben darauflegen und leicht andrücken. Danach die »Sandwiches« in 3 – 4 cm große Quadrate schneiden.

4. Den Grill anheizen. Die Bratwürste in 3 cm lange Stücke schneiden. Metallspieße ölen und abwechselnd Sandwichecken, Paprikastücke, helle und rote Bratwurststücke aufstecken.

5. Den Grillrost heiß werden lassen, leicht ölen. Die Bratwurstspieße mit Öl bestreichen, auf den Rost legen und bei mittlerer Hitze 10 – 12 Min. grillen, bis sie schön gebräunt und knusprig sind. Dabei ab und zu wenden und mit Öl bestreichen. Die Bratwurstspieße am besten mit Teufelssauce (siehe S. 104), scharfem Senf oder Ketchup servieren.

VARIANTE: SCHARFE CHORIZOSPIESSE

Sandwichecken wie oben beschrieben zubereiten. 500 g Chorizo (spanische Paprikawurst) enthäuten und in 3 cm dicke Scheiben schneiden. Je 1 große rote und gelbe Paprikaschote putzen, waschen und in 3 cm große Quadrate schneiden, salzen, pfeffern. Alles abwechselnd auf die Spieße stecken, gut mit Öl bestreichen und bei mittlerer Hitze ca. 15 Min. grillen, dabei immer wieder mal wenden und mit Öl bestreichen.

Currywurst mit Sauce

Für 4 Personen
Zubereitung: ca. 25 Min.
Grillen: 12 Min.
Pro Portion: ca. 730 kcal,
30 g EW, 60 g F, 14 g KH

1 Zwiebel | 2 EL Zucker
50 g Tomatenmark
100 ml Apfelsaft
1 EL Worcestersauce
4 EL mildes Currypulver
2 TL edelsüßes Paprikapulver
½ TL rosenscharfes
Paprikapulver
1 Prise Chilipulver
Salz | Pfeffer
8 dicke, frische Rostbratwürste
(je ca. 100 g)

Außerdem:
Öl zum Bestreichen

1. Für die Sauce Zwiebel schälen und fein würfeln. Zucker in einen Topf streuen und erhitzen, bis er schmilzt. Zwiebelwürfel darin sanft andünsten und bräunen. Tomatenmark einrühren und 100 ml Wasser und den Apfelsaft dazugießen, aufkochen lassen. Topf vom Herd nehmen und die Sauce mit Worcestersauce, 1 – 2 EL Currypulver, beiden Paprikasorten, Chilipulver, Salz und Pfeffer abschmecken. Beiseitestellen.

2. Den Grill anheizen. Die Haut der Bratwürste mit einem scharfen Messer leicht anritzen, damit die Würste beim Grillen nicht platzen. Den Grillrost heiß werden lassen, leicht ölen. Die Würste mit Öl bestreichen, auf den Rost legen und bei mittlerer Hitze 10 – 12 Min. grillen, dabei ab und zu wenden.

3. Fertige Würste auf Tellern in dicke Scheiben schneiden, mit Sauce übergießen und mit dem übrigen Currypulver bestreuen.

SO SCHMECKT'S AUCH

1 große Gemüsezwiebel schälen, fein hacken, mit ein wenig Chilipulver vermischen und über die Currywurst streuen. Heißt dann in Berlin »mit scharfen Zwiebeln«.

Bratwurst auf Languedoc-Art

Für 4 Personen
Zubereitung: ca. 30 Min.
Grillen: 15 Min.
Pro Portion: ca. 545 kcal,
18 g EW, 49 g F, 8 g KH

1 Bund Suppengrün
4 Knoblauchzehen
1 – 2 Stängel Petersilie
2 EL Butterschmalz
3 EL milder Weißweinessig
300 ml Gemüsebrühe
100 ml Tomatenpüree
3 EL Kapern
Salz | Pfeffer
4 kleine Bratwurstschnecken
(je ca. 150 g)

Außerdem:
Öl zum Bestreichen
4 feuerfeste Mini-Töpfe

1. Das Suppengrün putzen und waschen oder schälen und sehr klein würfeln. Den Knoblauch schälen und ganz fein hacken. Petersilie abbrausen und trocken schütteln, Blättchen abzupfen und ebenfalls fein hacken.

2. In einem Topf das Butterschmalz erhitzen und darin das Suppengrün goldgelb anbraten. Mit Essig ablöschen und diesen fast einkochen lassen. Dann die Brühe und das Tomatenpüree dazugießen und aufkochen lassen. Knoblauch, Petersilie und Kapern einrühren und die Sauce mit Salz und Pfeffer würzen. Auf die Mini-Töpfe verteilen.

3. Den Grill anheizen. Die Bratwurstschnecken mit einer Nadel mehrmals rundherum einstechen. Grillrost heiß werden lassen, leicht einölen. Die Wurstschnecken mit Öl bestreichen, auf den Rost legen und bei mittlerer Hitze ca. 15 Min. grillen, dabei ab und zu wenden. Gleichzeitig die Sauce in den Mini-Töpfen am Rand des Grillrosts erhitzen.

4. Die Wurstschnecken auf große Teller oder Holzbrettchen verteilen und die Saucentöpfchen mit dazustellen. Nach Belieben auch noch Kartoffelsalat (siehe S. 126) und Senf dazu servieren.

Grill-Leberkäse mit Obazdn gefüllt

Für 4 Personen
Zubereitung: ca. 30 Min.
Grillen: 8 Min.
Pro Portion: ca. 655 kcal,
33 g EW, 56 g F, 6 g KH

4 dicke Scheiben Leberkäse
(je ca. 150 g)

Für den Obazdn:
100 g weicher Camembert
2 EL weiche Butter
1 kleine Zwiebel oder Schalotte
¼ TL gemahlener Kümmel
½ TL edelsüßes Paprikapulver

Für die Senfsahne:
150 g saure Sahne
2 EL süße Sahne
2 EL süßer Senf
1 Prise Chilipulver
Salz | Pfeffer
1 EL Zitronensaft

Außerdem:
Öl zum Bestreichen
Zahnstocher

1. Die Leberkäsescheiben längs halbieren, in Klarsichtfolie wickeln und in den Kühlschrank legen.

2. Für den Obazdn den Camembert entrinden, das Innere mit einer Gabel zerdrücken, dann die Butter untermengen. Zwiebel oder Schalotte schälen, sehr fein hacken und unter den Käse mischen. Die Masse mit Kümmel und Paprika würzen (nicht salzen, der Leberkäse ist schon salzig genug).

3. In jede Leberkäsescheibe seitlich mit einem scharfen Messer so eine Tasche einschneiden, dass der Einschnitt möglichst klein, die Tasche aber schön groß ist. Die Käsemasse (den Obazdn) mit einem kleinen Löffel einfüllen. Die Öffnungen mit Zahnstochern (schräg eingestochen) verschließen. Leberkäse wieder gut kühlen.

4. Für die Senfsahne saure und süße Sahne glatt verquirlen. Den Senf unterrühren und die Sahne mit Chilipulver, Salz und Pfeffer würzen. Zuletzt den Zitronensaft untermischen.

5. Den Grill anheizen. Den Grillrost heiß werden lassen, leicht ölen. Die gefüllten Leberkäsescheiben mit wenig Öl bestreichen, auf den Rost legen und bei mittlerer Hitze pro Seite 3 – 4 Min. grillen, bis der Leberkäse schön gebräunt ist, die Füllung aber noch nicht aus dem Fleisch austritt.

6. Die Leberkäsescheiben auf Teller verteilen und mit der Senfsahne servieren. Sehr gut passt dazu ein Brötchen oder der Stiftelsalat mit Tomaten (siehe S. 130).

TIPPS

Den Obazdn (bairisch für »Angebatzter«, »Zerdrückter«) bereitet man gerne gleich in größerer Menge zu und serviert ihn als pikanten Aufstrich zu Laugenbrezen oder Bauernbrot. Egal ob Füllung oder Aufstrich – achten Sie immer darauf, dass der Camembert noch keine braunen Stellen auf der Rinde hat, sonst schmeckt der Obazde leicht bitter.

Diese gefüllten Zwiebelschalen sind eine originelle Vorspeisen-Grillidee – unbedingt probieren! Tipp: Wer keinen Fleischwolf hat, mischt ganz kleine Zwiebel- und Knoblauchwürfelchen unter Schweinehackfleisch.

Zwiebelschiffchen mit Schweinemett

Für 4 Personen
Zubereitung: ca. 45 Min.
Grillen: 17 Min.
Pro Portion: ca. 460 kcal,
25 g EW, 34 g F, 10 g KH

3 große Gemüsezwiebeln
2 Knoblauchzehen
350 g mageres Schweinefleisch
(aus der Schulter)
150 g frischer Schweinebauch
(ohne Schwarte)
Salz | Pfeffer
50 g Frühstücksspeck (Bacon)
1 EL Rapsöl
100 ml Weißwein oder Apfelsaft
1 Bund Schnittlauch

Außerdem:
Fleischwolf mit grober Scheibe
Kerngehäuseausstecher
Öl zum Bestreichen

1. Die Zwiebeln schälen, 1 Zwiebel grob würfeln. Knoblauch schälen und ebenfalls grob würfeln. Das Fleisch in grobe Stücke schneiden und mit Zwiebel- und Knoblauchwürfeln durch den Fleischwolf drehen. Das Mett salzen und pfeffern, dabei nicht zu sehr durchkneten (Bild 1). Abgedeckt in den Kühlschrank stellen.

2. Von den übrigen Zwiebeln mit dem Kerngehäuseausstecher die Wurzelansätze wie den Strunk eines Apfels herausstechen (Bild 2). »Zwiebelstrünke« aufheben. Anschließend Zwiebeln senkrecht halbieren und die Zwiebelschichten voneinander lösen. 8 – 10 große Zwiebelblätter innen salzen und kühl stellen.

3. Zwiebelstrünke (ohne Wurzelansatz) und restliche Zwiebelblätter fein würfeln. Speck in feine Streifen schneiden. In einer Pfanne das Öl erhitzen und darin Zwiebelwürfel und Speck bei mittlerer Hitze langsam hellbraun braten. Mit Weißwein oder Apfelsaft ablöschen, 5 Min. einkochen lassen, salzen, pfeffern. Die Sauce warm halten.

4. Den Grill anheizen. Zwiebelblätter innen mit Küchenpapier trocken tupfen (Bild 3) und mit dem Schweinemett füllen, glatt streichen. Zwiebelschiffchen rundherum mit Öl bestreichen.

5. Den Grillrost heiß werden lassen, leicht ölen. Zwiebelschiffchen auf den Rost legen bei mittlerer Hitze erst auf der Fleischseite 7 Min. grillen, dann wenden und bei etwas geringerer Hitze weitere 10 Min. grillen, bis die Zwiebelblätter gut gebräunt sind. Schnittlauch waschen, trocken schütteln, in Röllchen schneiden, unter die Sauce mischen. Zu den Zwiebelschiffchen servieren.

1 Gemüsezwiebeln sind faustgroße, saftige, relativ milde Zwiebeln. Auf dem Grill verlieren sie noch die restliche Zwiebelschärfe, die andere Sorten oft behalten. Perfekt also, um mit dem Fleisch zu Mett für die Füllung verarbeitet zu werden.

2 Von den ganzen Gemüsezwiebeln wie bei Äpfeln mit dem Kerngehäuseausstecher die Wurzelansätze herausstechen. Nach dem Halbieren der Zwiebeln lassen sich dann die einzelnen Blattschichten ganz leicht voneinander lösen. Das Ausgestochene aufheben.

3 Damit das Schweinemett in den Zwiebelblättern gut haften bleibt, die Blätter innen salzen und kurz ziehen lassen, dann mit Küchenpapier gut trocknen. Schiffchen mit dem Mett füllen, Oberfläche glatt streichen.

Senfrippchen auf badische Art

Für 4 Personen
Zubereitung: ca. 1 Std.
Marinieren: 3 Std.
Grillen: 30 Min.
Pro Portion: ca. 475 kcal,
24 g EW, 35 g F, 7 g KH

1 kg dicke Schweinerippe
(mit Knochen und Schwarte;
am besten vom Metzger in
einzelne Rippchen teilen lassen)
Salz
1 Zweig Rosmarin
1 Zwiebel
1 Knoblauchzehe
⅛ l Weißwein oder Apfelsaft
1 EL brauner Zucker
1 TL schwarze Pfefferkörner
3 Pimentkörner
100 g Tomatenpüree
1 EL mittelscharfer Senf
1 EL milder Weißweinessig

Außerdem:
Öl zum Bestreichen

1. Falls Sie die Schweinerippe selbst teilen müssen: das Fleisch mit einem stabilen Messer zwischen den Knochen in Stücke teilen, wenn nötig, mit dem Küchenbeil nachhelfen. Die Stücke kurz unter kaltem Wasser waschen, um Knochensplitter zu entfernen. Die Rippchen mit Küchenpapier trocken tupfen und rundherum mit Salz einreiben.

2. Den Rosmarin abbrausen und trocken schütteln, die Blättchen abzupfen und über die Rippchen streuen. Abdecken und 2 – 3 Std. im Kühlschrank marinieren.

3. Dann den Backofen auf 190° vorheizen. Die Schweinerippchen wieder trocken tupfen und in eine feuerfeste Form mit Deckel legen. Zugedeckt im Ofen (Mitte) 45 – 50 Min. garen, aus dem Ofen nehmen.

4. Die Zwiebel und den Knoblauch schälen und sehr fein hacken. Beides in einen Topf geben, Wein oder Saft angießen, den Zucker dazustreuen und alles offen 10 Min. bei mittlerer Hitze kochen lassen. In einem Mörser die Pfeffer- und Pimentkörner grob zerdrücken. Mit dem Tomatenpüree, dem Senf und dem Essig in den Topf geben. Die Sauce offen nochmals 10 Min. einkochen lassen, bis sie dickflüssig ist.

5. Den Grill anheizen. Den Grillrost heiß werden lassen, leicht ölen. Die Rippchen mit der Sauce bestreichen, auf den Rost legen und bei mittlerer Hitze 20 – 30 Min. grillen, dabei ab und zu wenden und mit Sauce bestreichen. Heiß vom Grill servieren.

SO SCHMECKT'S AUCH

Statt des Rosmarins die Nadeln von 3 – 4 jungen, frischen Tannenspitzen verwenden. Fein gehackt verleihen sie den Rippchen ein zartes, leicht harziges Aroma.

Kichererbsen-Hack-Spieße

Für 4 Personen
Zubereitung: ca. 25 Min.
Quellen: 12 Std. | Grillen: 12 Min.
Pro Portion: ca. 395 kcal,
33 g EW, 19 g F, 22 g KH

125 g getrocknete Kichererbsen
2 Zwiebeln | 2 Knoblauchzehen
je 2 – 3 Stängel Petersilie und
Koriandergrün
400 g Rinder- oder
Lammhackfleisch
1 TL Chiliflocken
1 TL gemahlener Kreuzkümmel
1 – 3 EL Semmelbrösel
2 Eier (M) | Salz | Pfeffer

Außerdem:
8 flache, lange Holz-
oder Metallspieße
Öl zum Bestreichen

1. Am Vortag die Kichererbsen in einem kleinen Topf mit reichlich Wasser bedecken und langsam bis zum Siedepunkt erhitzen. Den Herd abschalten und die Kichererbsen zugedeckt 12 Std. (am besten über Nacht) quellen lassen.

2. Dann die Kichererbsen in einem Sieb gut abtropfen lassen und mit dem Pürierstab fein zerkleinern. Zwiebeln und Knoblauch schälen, fein würfeln. Petersilie und Koriander abbrausen und trocken schütteln, die Blättchen abzupfen und fein hacken.

3. In einer Schüssel das Hackfleisch mit Kichererbsen, Zwiebeln, Knoblauch, Kräutern, Chiliflocken, Kreuzkümmel, den Semmelbröseln nach Bedarf und den Eiern mischen. Die Hackmasse mit Salz und Pfeffer würzen und kräftig durchkneten.

4. Holzspieße in warmes Wasser legen, Metallspieße einölen. Grill anheizen. Hackmasse mit angefeuchteten Händen um die Spieße herum zu länglichen Küchlein formen, mit Öl bestreichen.

5. Den Grillrost heiß werden lassen, leicht ölen. Die Spieße auf den Rost legen und bei starker Hitze in 10 – 12 Min. schön braun grillen, dabei immer wieder mal wenden.

Toskanische Hacksteaks

Für 4 Personen
Zubereitung: ca. 30 Min.
Grillen: 16 Min.
Pro Portion: ca. 535 kcal,
33 g EW, 44 g F, 2 g KH

500 g Rinder- oder
Kalbshackfleisch
2 EL Ricotta
Salz | Pfeffer
je ¼ TL getrockneter Thymian
und Pfefferminze
8 frische Salbeiblätter
125 g Frühstücksspeck (Bacon)
2 EL Olivenöl
4 feste Tomaten

Außerdem:
Küchengarn
Öl zum Bestreichen

1. Das Hackfleisch mit Ricotta, Salz, Pfeffer und den getrockneten Kräutern in eine Schüssel geben und kräftig durchkneten. Die Hackmasse in 8 Portionen teilen und jeweils mit angefeuchteten Händen zu einem runden Steak (8 cm Ø) formen. Eine ausreichende Menge Küchengarn (ca. 1 ½ m) in kaltes Wasser legen.

2. Die Salbeiblätter mit feuchtem Küchenpapier abreiben und auf jedes Steak 1 Blatt legen. Jeweils 2 Speckscheiben über Kreuz aufeinanderlegen, 1 Hacksteak in die Mitte setzen und in die Speckscheiben einpacken. Mit Küchengarn zu Päckchen verschnüren und mit etwas Olivenöl bestreichen.

3. Den Grill anheizen. Die Tomaten waschen und quer halbieren, die Schnittflächen salzen und pfeffern. Die Tomaten mit übrigem Olivenöl bestreichen.

4. Grillrost heiß werden lassen, leicht ölen. Steaks auf den Rost legen und bei mittlerer Hitze pro Seite 7 – 8 Min. grillen. Zugleich am Rand des Grillrosts die Tomaten erst auf den Schnittflächen, dann auch auf der Hautseite grillen, bis sie schön gebräunt sind. (Tomaten mit weicherem Fruchtfleisch auf geölte Alufolie setzen und rösten.) Am besten mit buntem Antipasti-Gemüse (siehe S. 138) servieren.

Gazpacho-marinierte Hähnchenbrustfilets

Für 4 Personen
Zubereitung: ca. 45 Min.
Marinieren: 12 Std.
Grillen: 25 Min.
Pro Portion: ca. 385 kcal,
42 g EW, 20 g F, 8 g KH

4 Hähnchenbrustfilets
(je ca. 175 g)
2 – 3 EL Zitronensaft
400 g vollreife Tomaten
1 Stück Salatgurke (ca. 250 g)
½ rote Paprikaschote
1 Schalotte
1 Knoblauchzehe
3 EL Olivenöl
Salz | Pfeffer
1 Scheibe Toastbrot (vom Vortag)
1 hart gekochtes Ei (M)

Außerdem:
Zahnstocher
Öl zum Bestreichen

1. In die Hähnchenbrustfilets mit einem scharfen Messer von einer Längsseite her eine Tasche einschneiden. Die Filets mit etwas Zitronensaft einreiben, in eine flache Schüssel legen und abgedeckt in den Kühlschrank stellen.

2. Die Tomaten mit kochend heißem Wasser überbrühen, häuten und entkernen. ½ Tomate beiseitelegen, die übrigen Tomaten grob würfeln. Die Salatgurke schälen, längs halbieren und die Kerne mit einem Löffel herauskratzen. 1 Stück Gurke (ca. 4 cm) beiseitelegen, den Rest in grobe Stücke schneiden. Die Paprikaschote von Samen und hellen Trennwänden befreien und waschen. 1 Stück Paprika (ca. 4 cm) beiseitelegen, den Rest grob würfeln. Schalotte und Knoblauch schälen und grob hacken.

3. Beiseitegelegtes Gemüse zugedeckt im Kühlschrank aufheben. Zerkleinertes Gemüse, Schalotte und Knoblauch im Mixer oder portionsweise mit einem Pürierstab glatt mixen. 2 EL Olivenöl und 1 EL Zitronensaft dazugeben, den Gazpacho mit Salz und Pfeffer abschmecken. Die Hähnchenfilets mit der Marinade mischen und abgedeckt 8 – 12 Std. (am besten Nacht) im Kühlschrank durchziehen lassen.

4. Dann das Toastbrot entrinden, sehr klein würfeln und in einer Pfanne in dem übrigen Olivenöl knusprig braten. Das beiseitegelegte Gemüse klein würfeln. Ei schälen und ebenfalls klein würfeln. Alles vermischen, mit Salz und Pfeffer würzen.

5. Den Grill anheizen. Die Hähnchenbrustfilets abtropfen lassen, die Marinade weggießen. Gemüse-Toast-Mischung in die Filettaschen füllen, die Öffnungen mit Zahnstochern zustecken.

6. Grillrost heiß werden lassen, leicht ölen. Hähnchenbrustfilets auf den Rost legen und bei stärkerer Hitze pro Seite 4 – 5 Min. grillen, dann bei schwacher Hitze nochmals 4 – 5 Min. pro Seite garen. Den Grillrost höher hängen und die Filets noch 5 Min. nachziehen lassen, servieren.

Kreolische scharfe Hähnchenschenkel

Für 4 Personen
Zubereitung: ca. 30 Min.
Marinieren: 6 Std.
Grillen: 35 Min.
Pro Portion: ca. 470 kcal,
35 g EW, 32 g F, 5 g KH

4 Hähnchenschenkel
(je ca. 250 g)
2 große rote Chilischoten
2 Frühlingszwiebeln
1 Stück Ingwer (ca. 3 cm)
4 Knoblauchzehen
2 EL grobkörniger Senf
2 TL Rohrzucker
1 TL gemahlener Piment
½ TL Zimtpulver
4 EL Olivenöl
2 EL Limettensaft
2 EL brauner Rum
Salz | Pfeffer

Außerdem:
Öl zum Bestreichen

1. Die Haut der Hähnchenschenkel vorsichtig etwas abheben und mit dem Finger oder einem Kochlöffelstiel darunterfahren, bis sie sich vom Fleisch löst.

2. Die Chilischoten entstielen und längs aufschlitzen, Samen und helle Trennwände entfernen (sehr scharf, eventuell mit Einweghandschuhen arbeiten). Die Schoten waschen und klein schneiden. Die Frühlingszwiebeln waschen, putzen und die hellen Abschnitte grob hacken. Ingwer und Knoblauch schälen und klein würfeln. Alles mit Senf, Zucker, Piment, Zimt, Olivenöl, Limettensaft und Rum im Mixer oder mit dem Pürierstab glatt mixen. Die Chilisauce mit Salz und Pfeffer abschmecken.

3. Die Hälfte der Chilisauce in den Kühlschrank stellen. Mit der restlichen Sauce die Hähnchenschenkel erst unter der Haut einstreichen, dann die Schenkel rundherum mit Sauce bepinseln. Abgedeckt 4 – 6 Std. im Kühlschrank marinieren.

4. Dann den Grill anheizen. Den Grillrost heiß werden lassen, gut ölen. Die Hähnchenschenkel auf den Rost legen und bei mittlerer Hitze pro Seite 12 – 15 Min. grillen, bis sie rundherum gut gebräunt sind. Nun den Rost hoch über die Glut hängen und die Schenkel noch 5 Min. nachziehen lassen. Mit der restlichen Chilisauce servieren. Dazu passt der bunte Salat mit Pfirsichen (siehe S. 131) ausgezeichnet.

SO SCHMECKT'S AUCH

Wenn es nicht so scharf sein soll, 1 Bio-Limette in hauchdünne Scheiben schneiden, mit Salz und Pfeffer würzen und unter die Hähnchenhaut schieben. Die Schenkel außen mit Salz, Pfeffer und Limettensaft würzen – schmeckt schön erfrischend.

Plank Grilling

Diese Methode der Ureinwohner Amerikas, Fische oder Meeresfrüchte besonders saftig und aromatisch auf einem Holzbrett zu grillen, ist derzeit bei uns immer noch ein Geheimtipp. Das »Plank Grilling« findet aber stetig mehr Liebhaber.

Das passende **Holzbrett** gibt es beim Grillzubehör zu kaufen. Die übliche Holzart ist Zedernholz, da dieses dem Grillgut das typische Aroma verleiht. Es eignen sich aber auch Harthölzer wie Eiche, Buche und die Hölzer von Obstbäumen. Harzreiche Arten wie Fichte oder Tanne sind nicht geeignet, sie brennen zu schnell. Wichtig: das Holz darf nicht behandelt oder imprägniert sein.

Was darf aufs Brett? Optimal sind Fischfilets mit Haut wie etwa Lachs, Zander und Sardinen, außerdem schmecken Meeresfrüchte wie Garnelen, kleine Tintenfische oder Muscheln sowie auch dünne, zarte Fleischscheiben. Alles immer mit etwas Öl bestreichen.

Vorm Grillen müssen die Bretter **gewässert werden:** 1 Std. mindestens, besser sogar 1 Tag. Dann abtropfen lassen und bei mittlerer Hitze auf den heißen Rost legen. Den Grill mit dem Deckel schließen. Nun einfach warten, bis die Holzplanke leise zu knacksen beginnt.

Dann Deckel abheben, die Bretter sollten ein wenig rauchen. Etwas grobes Salz auf das Holz streuen (verhindert das Anhängen) und **das Grillgut auflegen.** Nach 20 – 25 Min. sind die Leckereien durchgegart und können auf den Brettern serviert werden. Vorher eine hitzefeste Unterlage auf den Tisch legen und die Bretter mit einer stabilen Zange oder feuerfesten Handschuhen packen.

Nach dem Grillen die Planken mit heißem Wasser und einer Bürste gründlich reinigen. Ab und zu mit Schleifpapier bearbeiten, das aktiviert den Holzgeschmack wieder. **Tipp:** Wenn Sie Fisch, Fleisch & Co. noch extra Geschmack geben wollen, streuen sie Kräuter wie Rosmarin, Thymian oder Salbei und Gewürze wie Pfeffer, Piment oder Zimt in die Glut. Beim Verbrennen aromatisieren sie das Grillgut unter dem Deckel.

Lachsfilet von der Planke

Für 4 Personen
Zubereitung: ca. 35 Min.
Wässern: 1 Tag
Grillen: 25 Min.
Pro Portion: ca. 630 kcal,
38 g EW, 53 g F, 0 g KH

4 Lachsfilets (mit Haut,
je ca. 200 g)
100 ml Olivenöl
½ Bund Dill
¼ Bund Petersilie
1 Knoblauchzehe
Salz | Pfeffer
2 Zitronen

Außerdem:
2 Zedernholz-Planken (Holz-
bretter zu je 20 × 40 cm)
grobes Meersalz für die Planken

1. Möglichst schon am Vortag die Planken in kaltes Wasser legen und 1 Tag gut wässern, mindestens aber 1 Std.

2. Die Lachsfilets mit etwas Olivenöl bestreichen. Abgedeckt in den Kühlschrank stellen. Den Dill und die Petersilie abbrausen, trocken schütteln und fein schneiden. Knoblauch schälen und zum restlichen Olivenöl pressen. Die Kräuter unterrühren, mit Salz und Pfeffer würzen.

3. Die Planken aus dem Wasser nehmen und abtropfen lassen. Einen Kugelgrill anheizen und den Grillrost auflegen. Die Bretter bei mittlerer Hitze auf den Rost legen, den Deckel auflegen und das Holz ca. 5 Min. rösten, bis es leise zu knacksen beginnt.

4. Jetzt sollten die Planken leicht rauchen, dann den Deckel abnehmen. Holzkohle an die Seite des Grills schieben und die Bretter mit etwas Meersalz bestreuen. Lachsfilets mit der Haut nach unten auf die Bretter legen. Mit etwas Kräuteröl bestreichen, Deckel wieder auflegen und den Lachs ca. 20 Min. garen.

5. Eine hitzefeste Unterlage auf den Tisch legen. Die Planken mit einer stabilen Zange oder mit Grillhandschuhen vom Rost nehmen und auf der Unterlage platzieren. Zitronen halbieren und mit dem restlichen Kräuteröl auf den Tisch stellen.

Putenröllchen am Spieß

Für 4 Personen
Zubereitung: ca. 30 Min.
Grillen: 14 Min.
Pro Portion: ca. 465 kcal,
54 g EW, 19 g F, 18 g KH

4 dünne Putenschnitzel
(je ca. 175 g)
Salz | Pfeffer
100 g gekochter Schinken
(in dünnen Scheiben)
100 g Frühstücksspeck (Bacon)
1 Stängel Salbei
125 g Weißbrot (vom Vortag)
1 große Gemüsezwiebel
4 EL Zitronensaft

Außerdem:
Zahnstocher
8 lange Holzspieße
Olivenöl zum Bestreichen

1. Die Schnitzel auf der Arbeitsfläche auslegen und mit der flachen Seite des Fleischklopfers sehr dünn klopfen. Schnitzel quer halbieren und mit wenig Salz und Pfeffer würzen.

2. Jede Schnitzelhälfte mit 1 passenden Stück Schinken belegen, aufwickeln und in 3 cm dicke Scheiben schneiden, sodass kleine Röllchen entstehen. Jedes Röllchen mit 1 Scheibe Frühstücksspeck (eventuell vorher quer halbieren) umwickeln und mit Zahnstochern fixieren. Abgedeckt in den Kühlschrank stellen. Die Holzspieße in warmes Wasser legen.

3. Den Grill anheizen. Salbei abbrausen und trocken schütteln, die Blätter abzupfen. Weißbrot in 3 cm große Würfel schneiden. Die Gemüsezwiebel schälen und vierteln, die Zwiebelschichten auseinanderlösen. Die Holzspieße trocknen, ölen und abwechselnd Zwiebelstücke, Salbeiblätter, Putenröllchen und Weißbrotwürfel aufstecken. Alles gut mit Olivenöl bestreichen.

4. Den Grillrost heiß werden lassen, leicht ölen. Die Spieße auf den Rost legen und bei mittlerer bis starker Hitze 10 – 14 Min. grillen, dabei ab und zu wenden und mit Öl bestreichen. Die fertigen Spieße auf Teller geben und mit Zitronensaft beträufeln.

Pikante Grillzöpfe

Für 4 Personen
Zubereitung: ca. 30 Min.
Marinieren: 4 Std.
Grillen: 16 Min.
Pro Portion: ca. 270 kcal,
41 g EW, 11 g F, 1 g KH

750 g Schweinefilet (am Stück)
1 Zwiebel | 2 Knoblauchzehen
1 EL edelsüßes Paprikapulver
1 TL rosenscharfes Paprikapulver
1 TL gemahlener Kümmel
3 EL Olivenöl
Salz | Pfeffer
2 TL getrockneter Majoran
einige Zitronenviertel zum
Beträufeln

Außerdem:
Zahnstocher
Öl zum Bestreichen

1. Vom Schweinefilet die Häute entfernen, Filet längs halbieren. Die Hälften mit der flachen Seite des Fleischklopfers leicht flach klopfen. Jede Hälfte längs so in 3 gleich breite Streifen schneiden, dass diese am dickeren Filetende noch zusammenhängen.

2. Für die Marinade die Zwiebel schälen und fein reiben. Den Knoblauch schälen und zum Zwiebelpüree pressen. Mit Paprika, Kümmel und der Hälfte des Olivenöls verrühren. Filetstreifen vorsichtig in der Marinade wenden, damit sie nicht auseinanderreißen, und abgedeckt im Kühlschrank 3 – 4 Std. marinieren.

3. Den Grill anheizen. Das Fleisch aus der Marinade heben und trocken tupfen (die Marinade aufheben). Die Streifen jedes Filetstücks zu einem Zopf flechten, die Enden mit Zahnstochern zusammenstecken. Die Zöpfe mit Salz und Pfeffer würzen, mit dem restlichen Olivenöl bestreichen.

4. Den Grillrost heiß werden lassen, leicht ölen. Die Grillzöpfe auf den Rost legen und bei mittlerer bis starker Hitze pro Seite 7 – 8 Min. grillen, dabei ab und zu mit Marinade bepinseln.

5. Die fertigen Grillzöpfe mit Majoran bestreuen und mit den Zitronenvierteln zum Beträufeln servieren.

Braumeister-Schweinesteaks

Für 4 Personen
Zubereitung: ca. 30 Min.
Marinieren: 12 Std.
Grillen: 25 Min.
Pro Portion: ca. 535 kcal,
31 g EW, 38 g F, 8 g KH

4 Schweinesteaks
(aus dem Nacken / Kamm, ohne
Knochen, je ca. 175 g;
ersatzweise 4 Nackenkoteletts
mit Knochen, je ca. 200 g)
4 EL mittelscharfer Senf
4 Zwiebeln
2 Knoblauchzehen
¼ l helles Export-Bier (eventuell
noch etwas mehr zum Auffüllen)
100 ml Schwarzbier
5 EL Rapsöl
2 – 3 EL milder Weißweinessig
2 EL Kräuterlikör
2 Lorbeerblätter
1 gute Prise grobes Salz
Pfeffer
1 Msp. frisch geriebene
Muskatnuss
1 TL Honig

Außerdem:
Öl zum Bestreichen
Alu-Grillschale (ohne Löcher)

1. Die Steaks auf beiden Seiten mit Senf bestreichen. Zwiebeln schälen, in dünne Scheiben hobeln. Den Knoblauch schälen und in feine Scheiben schneiden. Beide Biersorten in einer Schüssel mit dem Schneebesen verrühren, bis sie nicht mehr schäumen. Zwiebeln, Knoblauch, 4 EL Öl, Essig und Likör untermischen.

2. Die Lorbeerblätter mit dem Salz in einem Mörser möglichst fein zerreiben. Die harten Blattrippen entfernen und das Lorbeersalz zur Zwiebelmarinade geben. Mit etwas frisch geriebenen Pfeffer, Muskat und Honig abschmecken.

3. In eine große flache Schale etwas Marinade geben, die Steaks nebeneinander auf die Zwiebeln legen und die restliche Marinade gleichmäßig darüber verteilen. Die Marinade muss das Fleisch bedecken, sonst noch mit etwas hellem Bier auffüllen. Die Schale mit Folie abdecken und das Fleisch 12 Std. (am besten über Nacht) im Kühlschrank marinieren.

4. Dann den Grill anheizen. Steaks aus der Marinade heben, abtropfen lassen. Zwiebeln und Knoblauch aus der Flüssigkeit heben und in die Aluschale geben, übriges Öl dazugießen.

5. Den Grillrost heiß werden lassen, leicht ölen. Die Steaks auf den Rost legen und bei mittlerer Hitze pro Seite 10 Min. grillen. Zugleich am Rand des Grillrosts die Zwiebeln schmoren lassen. Wenn die Schweinesteaks gut gebräunt sind, den Rost hoch über die Glut hängen und die Steaks noch 5 Min. nachziehen lassen.

6. Die Braumeister-Schweinesteaks auf Teller verteilen, mit den geschmorten Zwiebeln und dem Knoblauch bedecken und servieren. Dazu passt der Kartoffelsalat von S. 126 sehr gut.

SO SCHMECKT'S AUCH

Wenn es mal schneller gehen soll, die Steaks nur mit dem Senf einreiben, mit reichlich Zwiebelringen bedecken und wenigstens 3 Std. im Kühlschrank marinieren.

Senfsauce

2 EL mittelscharfen Senf und 1 TL extrascharfen Senf (z. B. Dijon-Senf) verrühren. Mit einem Schneebesen zuerst 4 EL milden Weißweinessig unterrühren. Dann nach und nach je 3 EL mildes Rapsöl und fruchtiges Olivenöl unterschlagen, bis die Mischung schön cremig und gebunden ist. Die Sauce mit Salz und Pfeffer abschmecken. Wer es besonders scharf mag, gibt noch ein paar Spritzer Tabasco dazu. Passt ganz besonders gut zu Schweinefleisch und Rostbratwürstchen.

Eingelegtes Schweinefleisch

Für 4 Personen
Zubereitung: ca. 30 Min.
Marinieren: 3 Std. | Grillen: 20 Min.
Pro Portion: ca. 255 kcal,
40 g EW, 8 g F, 4 g KH

700 g mageres Schweinefleisch
1 rote Paprikaschote
3 – 4 Knoblauchzehen
2 EL milder Weißweinessig
100 ml Weißwein | 6 EL Olivenöl
1 TL edelsüßes Paprikapulver
je ½ TL gemahlener Kreuzkümmel, Oregano und Thymian
Salz | Pfeffer
8 lange Holzspieße
Öl zum Bestreichen

1. Das Fleisch 2 – 3 cm groß würfeln. Die Paprikaschote putzen, waschen, klein schneiden. Knoblauch schälen und grob würfeln. Beides mit Essig, Wein, Öl und Gewürzen im Mixer pürieren. Ein Drittel der Marinade unters Fleisch mischen, abgedeckt im Kühlschrank 3 Std. marinieren. Übrige Marinade in einen feuerfesten kleinen Topf füllen, mit wenig Wasser verrühren und kalt stellen.

2. Dann den Grill anheizen. Die Holzspieße in warmes Wasser legen. Fleischwürfel aus der Marinade heben und trocken tupfen. Die Spieße trocknen, ölen und die Fleischwürfel aufstecken.

3. Grillrost heiß werden lassen, leicht ölen. Fleischspieße auf den Rost legen und rundherum bei mittlerer Hitze ca. 20 Min. grillen, dabei ab und zu mit abgetropfter Marinade bestreichen. Zugleich am Rand des Rosts die Marinade im Topf erhitzen.

4. Die fertigen Spieße auf Teller verteilen und mit der heißen Marinade übergießen. Dazu passt etwas gehackte Petersilie zum Garnieren und einige Zitronenviertel zum Beträufeln.

Schweinehaxenscheiben

Für 4 Personen
Zubereitung: ca. 30 Min.
Pökeln: 12 Std.
Grillen: 30 Min.
Pro Portion: ca. 505 kcal,
47 g EW, 30 g F, 12 g KH

1 große hintere Schweinehaxe
(ca. 1 ½ kg, vom Metzger
in 3 – 4 cm dicke Scheiben
schneiden lassen)
2 Knoblauchzehen
je 6 Wacholderbeeren und
Pimentkörner | 4 EL Meersalz
2 Lorbeerblätter | Salz | Pfeffer
Öl zum Bestreichen
4 – 6 Scheiben Ananas (Dose)

1. Die Haxenscheiben waschen, um eventuelle Knochensplitter zu entfernen, trocken tupfen und in eine Schüssel legen.

2. Knoblauch schälen und leicht anquetschen, Wacholderbeeren und Pimentkörner zerdrücken. Mit 1 l Wasser, Meersalz und Lorbeerblättern in einem Topf aufkochen, abkühlen lassen. Über das Fleisch gießen, zugedeckt im Kühlschrank 10 – 12 Std. pökeln.

3. Dann den Grill anheizen. Die Haxenscheiben trocken tupfen und mit einem spitzen Messer jeweils den Knochen aus der Mitte auslösen, die Schwarte mehrmals einritzen. Die Haxenscheiben mit wenig Salz und Pfeffer würzen, mit Öl bestreichen.

4. Den Grillrost heiß werden lassen, leicht ölen. Haxenscheiben auf den Rost legen und bei mittlerer Hitze pro Seite 10 – 15 Min. grillen. Nebenbei die Ananasscheiben abtropfen lassen, mit Öl bestreichen und am Rand des Grillrosts rösten, bis sie braune Streifen haben. Die Haxenscheiben auf Teller verteilen, mit den Ananasscheiben bedecken und servieren.

Pikante Donauwellen vom Grill

Für 4 Personen
Zubereitung: ca. 30 Min.
Marinieren: 30 Min.
Grillen: 15 Min.
Pro Portion: ca. 490 kcal,
40 g EW, 34 g F, 4 g KH

Für die Donauwellen:
350 g ganz dünne, gut
abgehangene Rindersteaks
(Minuten-Steaks)
1 EL mittelscharfer Senf
grob gemahlener Pfeffer
1 TL getrockneter Majoran
350 g ganz dünne Schweineschnitzel (in gleicher Größe wie
die Rindersteaks)
5 EL Sonnenblumenöl
Salz
1 – 2 Spritzer Tabasco

Für die Meerrettichsauce:
200 g saure Sahne
100 g stichfester Naturjoghurt
2 EL Mayonnaise
1 EL frisch geriebener
Meerrettich
Salz | Pfeffer

Außerdem:
8 lange Metallspieße
Öl zum Bestreichen

1. Die Rindersteaks auf der Arbeitsfläche auslegen und oben dünn mit Senf bestreichen, mit grobem Pfeffer und mit Majoran bestreuen. Die Schweineschnitzel möglichst passgenau auflegen.

2. Die Fleischpäckchen mit der flachen Seite des Fleischklopfers ganz dünn klopfen und der Länge nach in ca. 5 cm breite Streifen schneiden. Für das Würzöl das Sonnenblumenöl mit Salz und Tabasco gut mit einer Gabel verquirlen.

3. Die Metallspieße ölen und die Fleischstreifen der Länge nach wellenartig auf die Spieße stecken. Mit etwas Würzöl bestreichen und im Kühlschrank ca. 30 Min. marinieren.

4. Für die Sauce saure Sahne und Joghurt glatt verrühren. Die Mayonnaise und den Meerrettich untermischen, mit Salz und Pfeffer abschmecken. Abgedeckt in den Kühlschrank stellen.

5. Dann den Grill anheizen. Den Grillrost heiß werden lassen, leicht ölen. Fleischspieße auf den Rost legen und bei mittlerer Hitze 12 – 15 Min. grillen, dabei ab und zu wenden und mit übrigem Würzöl bestreichen. Die Donauwellen-Spieße auf Teller verteilen und jeweils 1 Klecks Meerrettichsauce danebensetzen.

TAUSCHTIPP

Für eine Edelversion dieser pikanten Donauwellen kann man die Rindersteaks durch Lammrückenfilets (Lammlachse) ersetzen und statt der Schweineschnitzel Schweinefilet nehmen. Die Filets einfach längs in dünne Scheiben schneiden und wie oben beschrieben zubereiten. Das zarte Fleisch aber nur leicht klopfen, gerade so, dass die Scheiben gut zusammenhalten.

Teufels- und Engelsspieße

Für 4 Personen
Zubereitung: ca. 30 Min.
Grillen: 15 Min.
Pro Portion: ca. 625 kcal,
45 g EW, 39 g F, 21 g KH

350 g Schweinesteaks
(aus der Lende)
400 g Schweinefilet
100 g geräucherter Bauchspeck
2 rote Paprikaschoten
2 feste, grüne Bananen
1 große Gemüsezwiebel
75 ml Rapsöl | ½ TL Chilipulver
Salz | Pfeffer
1 TL mildes Currypulver

Außerdem:
8 lange Metallspieße
Öl zum Bestreichen

1. Beide Fleischsorten jeweils in 3 cm große Würfel schneiden. Bauchspeck entschwarten und 1 cm groß würfeln. Die Paprikaschoten halbieren, Samen und helle Trennwände entfernen. Die Schoten waschen und in 3 cm große Stücke schneiden. Bananen schälen und in 3 cm dicke Scheiben schneiden. Zwiebel schälen, vierteln und die Schichten auseinanderlösen.

2. Die Hälfte des Rapsöls mit Chilipulver, Salz und Pfeffer sehr scharf würzen. Die andere Hälfte des Olivenöls mit Currypulver, Salz und Pfeffer würzen und mit einer Gabel verrühren.

3. Den Grill anheizen. Die Spieße ölen. Für die Teufelsspieße abwechselnd Steakwürfel, Speck, Zwiebel- und Paprikastücke auf 4 Spieße stecken und mit dem scharf gewürzten Öl bestreichen. Für die Engelsspieße die Filetwürfel abwechselnd mit Bananenscheiben und Zwiebelstücken auf die übrigen Spieße stecken und mit dem Curryöl bestreichen.

4. Den Grillrost heiß werden lassen, leicht ölen. Die Teufels- und Engelsspieße auf den Rost legen und bei mittlerer Hitze rundherum 15 Min. grillen, dabei ab und zu mit dem jeweiligen Würzöl bestreichen.

Maurische Spieße

Für 4 Personen
Zubereitung: ca. 30 Min.
Grillen: 15 Min.
Pro Portion: ca. 580 kcal,
43 g EW, 41 g F, 9 g KH

400 g mageres Lammfleisch
(aus der Lende oder Keule)
400 g dicke Schweineschnitzel
500 g bunte Paprikaschoten
300 g Schalotten
16 Lorbeerblätter
100 ml Olivenöl
Salz | ½ TL Chilipulver
einige Zitronenschnitze zum
Garnieren

Außerdem:
8 lange Metallspieße
Öl zum Bestreichen

1. Das Lamm- und Schweinefleisch von Fett und Häuten befreien und in ca. 3 ½ cm große Würfel schneiden. Die Paprikaschoten halbieren, Samen und helle Trennwände entfernen. Die Schoten waschen und in ca. 3 ½ cm große Quadrate schneiden. Die Schalotten schälen und längs halbieren. Die Lorbeerblätter in lauwarmes Wasser legen und für einige Minuten einweichen.

2. In einer Schüssel Olivenöl mit Salz und Chilipulver verrühren. Fleischwürfel, Paprika und Schalotten dazugeben und gut im Würzöl wenden. Dann alles wieder herausnehmen und dabei das abtropfende Öl in der Schüssel auffangen. Die Lorbeerblätter aus dem Wasser nehmen und trocken tupfen.

3. Die Spieße mit etwas Würzöl bestreichen und abwechselnd Lammfleischwürfel, Schalotten, Paprika, Lorbeerblätter und Schweinefleischwürfel aufstecken.

4. Den Grill anheizen. Den Grillrost heiß werden lassen, leicht ölen. Spieße auf den Rost legen und bei mittlerer Hitze rundherum 12 – 15 Min. grillen, dabei ab und zu mit Würzöl bestreichen. Spieße auf Teller verteilen und mit Zitronenschnitzen garnieren. Am besten mit Knoblauch-Mayonnaise (siehe S. 136) servieren.

Rumpsteaks mit Chili-Salsa

Für 4 Personen
Zubereitung: ca. 35 Min.
Grillen: 10 Min.
Pro Portion: ca. 400 kcal,
46 g EW, 18 g F, 15 g KH

Für die Steaks:
4 Rumpsteaks (je ca. 200 g,
ca. 3 cm dick, aus dem Roastbeef geschnitten)
2 EL Kokosöl
Salz | Pfeffer

Für die Salsa:
50 g Schalotten
1 – 2 Knoblauchzehen
1 EL milder Weißweinessig
100 g süßsauer eingelegter
Kürbis samt etwas Sud
(aus dem Glas)
1 Stück Ingwer (ca. 2 cm)
2 mittelscharfe rote Chilischoten
2 EL Ahornsirup
1 EL brauner Rübensirup
Salz | Pfeffer
¼ TL gemahlener Piment

Außerdem:
Öl zum Bestreichen

1. Die Steaks ca. 30 Min. vor der Zubereitung aus dem Kühl-schrank nehmen. Den Fettrand alle 3 cm einschneiden, dabei aber nicht ins Fleisch schneiden. Das Fleisch dünn mit Kokosöl bestreichen und das Öl leicht einmassieren. Die Steaks mit Folie abgedeckt beiseitestellen.

2. Für die Chili-Salsa Schalotten und Knoblauch schälen und grob hacken. Beides in einem kleinen Topf mit dem Essig auf-kochen, vom Herd nehmen und 5 Min. ziehen lassen. Kürbis abtropfen lassen. Den Ingwer schälen und klein würfeln. Die Chilischoten entstielen und längs aufschlitzen, Samen und helle Trennwände entfernen. Die Schoten waschen und grob hacken. Alles mit dem Ahorn- und Rübensirup im Mixer nicht zu fein pürieren, bei Bedarf etwas Kürbissud dazugießen. Die Salsa mit Salz, Pfeffer und Piment abschmecken, in Schälchen füllen.

3. Den Grill anheizen. Den Grillrost heiß werden lassen, leicht ölen. Die Rumpsteaks auf den Rost legen und bei starker Hitze pro Seite in 2 Min. blutig, in 3 – 4 Min. medium oder in 5 Min. welldone grillen, beim Wenden salzen und pfeffern. Danach den Grillrost höher hängen und die Steaks noch mindestens 5 Min. nachziehen lassen. Mit der Salsa servieren.

VARIANTE: STEAKS MIT KÄSEBUTTER

Die Rumpsteaks wie oben beschrieben vorbereiten. Anschlie-ßend 75 g Gorgonzola mit 60 g weicher Butter mit einer Gabel zerdrücken und mit den Quirlen des Handrührgeräts schön cremig rühren. 2 EL Cognac untermischen und mit Salz, Pfeffer und 1 Prise Cayennepfeffer abschmecken. Steaks grillen, auf Teller geben und die Gorgonzolabutter darauf schmelzen lassen.

Würzige Fischspieße

Für 4 Personen
Zubereitung: ca. 30 Min.
Marinieren: 30 Min.
Grillen: 10 Min.
Pro Portion: ca. 275 kcal,
35 g EW, 12 g F, 4 g KH

750 g festfleischiges Fischfilet
(z. B. Seelachs, Wels, Catfisch)
2 Limetten | 2 Knoblauchzehen
1 rote Chilischote
4 EL Sonnenblumenöl
250 g Kirschtomaten
8 Kapernbeeren (aus dem Glas)
Salz | Pfeffer
einige Zitronenschnitze zum
Garnieren

Außerdem:
8 lange Metallspieße
Öl zum Bestreichen

1. Das Fischfilet in 3 cm große Würfel schneiden und in eine Schale geben. Die Limetten auspressen und den Saft über die Fischwürfel gießen.

2. Den Knoblauch schälen. Chilischote entstielen und längs aufschlitzen, Samen und helle Trennwände entfernen. Die Schote waschen, in grobe Stücke schneiden und mit dem Knoblauch im Mörser zerdrücken. Mit dem Öl unter die Fischwürfel mischen. Abgedeckt ca. 30 Min. im Kühlschrank marinieren.

3. Dann den Grill anheizen. Die Kirschtomaten waschen. Die Kapernbeeren entstielen und die Beeren längs halbieren. Die Metallspieße ölen. Die Fischwürfel abtropfen lassen, dabei die Marinade auffangen. Abwechselnd Fisch, Kirschtomaten und Kapernbeeren auf die Spieße stecken.

4. Den Grillrost heiß werden lassen, gut ölen. Die Spieße auf den Rost legen und bei mittlerer Hitze rundherum ca. 10 Min. grillen, dabei ab und zu mit der Marinade bestreichen.

5. Die Fischspieße mit Salz und Pfeffer würzen und auf Teller verteilen. Mit den Zitronenschnitzen garnieren und servieren. Dazu am besten Knoblauch-Mayonnaise (siehe S. 136) reichen.

Garnelen mit grüner Sauce

Für 4 Personen
Zubereitung: ca. 30 Min.
Marinieren: 30 Min.
Grillen: 4 Min.
Pro Portion: ca. 315 kcal,
25 g EW, 22 g F, 3 g KH

8 TK-Garnelenspieße
3 Knoblauchzehen
½ TL getrockneter Thymian
8 EL Olivenöl | Salz | Pfeffer
1 Bund Petersilie
5 grüne Oliven (ohne Stein)
1–3 Bio-Limetten
1 EL Pinienkerne
1 EL Kapern
1 EL mittelscharfer Senf

Außerdem:
Öl zum Bestreichen

1. Die Garnelen langsam (möglichst im Kühlschrank) auftauen lassen. Den Knoblauch schälen und in eine große flache Schale pressen, den Thymian dazubröseln. Mit 2 EL Olivenöl, etwas Salz und Pfeffer verrühren. Die Garnelenspieße darin wenden und abgedeckt 30 Min. im Kühlschrank marinieren.

2. Die Petersilie abbrausen und trocken schütteln, die Blättchen abzupfen. Die Oliven grob zerkleinern. 1 Limette auspressen, den Saft mit Petersilie, Oliven, Pinienkernen, Kapern und Senf im Mixer oder mit dem Pürierstab fein zerkleinern, dabei langsam das restliche Olivenöl dazulaufen lassen. Die Sauce mit wenig Salz und reichlich Pfeffer abschmecken.

3. Den Grill anheizen. Nach Belieben die restlichen Limetten heiß waschen und achteln. Die Garnelenspieße abtropfen lassen (Marinade auffangen) und eventuell die Limettenstücke an die Enden der Garnelenspieße stecken.

4. Den Grillrost heiß werden lassen, gut ölen. Garnelenspieße auf den Rost legen und bei starker Hitze pro Seite 2 Min. grillen, dabei immer wieder mit der abgetropften Marinade bestreichen. Mit der grünen Sauce servieren.

Tintenfische mit Knoblauch

Für 4 Personen
Zubereitung: ca. 30 Min.
Grillen: 20 Min.
Pro Portion: ca. 305 kcal,
41 g EW, 15 g F, 2 g KH

8 große Tintenfische
(Sepien, küchenfertig,
ca. 1 kg, eventuell tiefgekühlt)
Salz
4 – 6 Knoblauchzehen
5 EL Olivenöl
2 EL Zitronensaft
Pfeffer
3 Stängel Petersilie

Außerdem:
Öl zum Bestreichen

1. Für die Tintenfische reichlich Wasser aufkochen und salzen. Darin die Tintenfische ca. 1 Min. (tiefgekühlte Sepien 5 Min.) überbrühen. In ein Sieb abgießen und gut abtropfen lassen.

2. Den Knoblauch schälen und fein würfeln. In einem kleinen Pfännchen das Olivenöl erhitzen und darin den Knoblauch bei mittlerer Hitze hellbraun braten (vorsichtig, er verbrennt leicht). Das Pfännchen vom Herd nehmen und das Öl durch ein Sieb gießen. Die Knoblauchwürfel beiseitestellen.

3. Den Grill anheizen. Die Tintenfische mit Küchenpapier innen und außen sehr gut trocken tupfen. Das aromatisierte Olivenöl mit Zitronensaft, Salz und Pfeffer verrühren und die Sepien mit dem Würzöl rundherum einstreichen. Die Petersilie abbrausen und trocken schütteln, die Blättchen abzupfen und fein hacken.

4. Den Grillrost heiß werden lassen, leicht ölen. Tintenfische auf den Rost legen und bei nicht zu starker Hitze (sonst springen sie vom Grillrost) ca. 10 Min. pro Seite grillen, dabei ab und zu mit dem übrigen Würzöl bestreichen.

5. Die Tintenfisch auf Teller verteilen und mit den gerösteten Knoblauchwürfeln und der Petersilie bestreut servieren.

Marinierte Thunfischsteaks

Für 4 Personen
Zubereitung: ca. 20 Min.
Marinieren: 1 Std.
Grillen: 6 Min.
Pro Portion: ca. 205 kcal,
38 g EW, 7 g F, 0 g KH

4 Thunfischsteaks (je ca. 150 g,
eventuell tiefgekühlt, möglichst
mit Handleinen gefangener
Echter Bonito oder
Gelbflossen-Thunfisch)
1 TL grüne Pfefferkörner
(aus dem Glas)
1 TL getrockneter Thymian
½ TL gemahlener Kreuzkümmel
1 Msp. Cayennepfeffer | Salz
2 EL Olivenöl | 2 TL Limettensaft

Außerdem:
Öl zum Bestreichen

1. Tiefgekühlte Thunfischsteaks im Kühlschrank (Gemüsefach) auftauen lassen. Für die Marinade die grünen Pfefferkörner mit Thymian, Kreuzkümmel, Cayennepfeffer und 1 guten Prise Salz im Blitzhacker oder im Mörser zerkleinern. Mit dem Olivenöl und dem Limettensaft verrühren.

2. Die Thunfischsteaks mit Küchenpapier trocken tupfen und rundherum mit der Marinade bestreichen. Abgedeckt 1 Std. im Kühlschrank durchziehen lassen.

3. Den Grill anheizen. Die Thunfischsteaks abtropfen lassen, die Marinade auffangen. Den Grillrost heiß werden lassen, gut ölen. Die Thunfischsteaks auf den Rost legen und bei starker Hitze pro Seite 2 – 3 Min. grillen, dabei immer wieder mit der Marinade bestreichen. Sofort servieren.

SO SCHMECKT'S AUCH

Auf spanische Art die Fischsteaks nur mit Olivenöl bestreichen und wie oben beschrieben grillen, erst danach mit Salz, Pfeffer und Paprikapulver aus gerösteten Paprikaschoten (als Pimenton in gut sortierten Lebensmittelgeschäften zu finden) würzen.

Burger & Co.

Kein Wunder, dass sie die ganze Welt eroberten und auf fast jeder Grillparty zu finden sind: runde Hacksteaks, die mit Ketchup, Gurken, Salat und Tomate im Burger-Bun serviert werden. Ohne Besteck aus der Hand essen, kleckern, Fettflecke machen – alles erlaubt. Es gibt aber auch noch andere Grillstücke, die im Brötchen oder Fladen auf den Teller kommen. Neugierig? Umblättern!

Hamburger
– das Original

Für 4 Personen
Zubereitung: ca. 35 Min.
Tiefkühlen: 30 Min.
Grillen: 6 Min.
Pro Portion: ca. 560 kcal,
33 g EW, 27 g F, 46 g KH

500 g mageres Rinderhackfleisch
Salz | Pfeffer
4 Blätter Eisbergsalat
2 Tomaten
2 milde Zwiebeln
2 süßsaure Gewürzgurken
4 große Burger-Brötchen (Buns)
3 EL Tomatenketchup
2 EL Mayonnaise

Außerdem:
Öl zum Bestreichen

1. Das Hackfleisch in eine Schüssel geben, mit Salz und Pfeffer würzen und vorsichtig durchmischen. Das Hack in 4 Portionen teilen und zu flachen Hacksteaks (10 cm ∅) formen. Auf Backpapier legen und im Tiefkühlfach in ca. 30 Min. leicht anfrieren lassen, sie halten dann beim Grillen besser zusammen.

2. Den Grill anheizen. Die Salatblätter waschen, trocken tupfen und in schmale Streifen schneiden. Die Tomaten waschen und in Scheiben schneiden, dabei die Stielansätze entfernen. Zwiebeln schälen und in dünne Scheiben hobeln. Die Gewürzgurken in dünne Scheiben schneiden. Die Burger-Brötchen aufschneiden. Alles einschließlich Ketchup und Mayonnaise bereitstellen.

3. Den Grillrost heiß werden lassen, leicht ölen. Am Rand des Rosts die Burger-Brötchen leicht anrösten. Die angefrorenen Hacksteaks mit Öl bestreichen und in der Mitte des Grillrosts bei starker Hitze pro Seite 2 – 3 Min. grillen.

4. Die unteren Hälften der Buns mit Salatstreifen bestreuen, je 1 Hacksteak darauflegen, Tomaten, Gurken und Zwiebeln darüber verteilen. Ketchup und Mayonnaise daraufgeben und mit den oberen Bun-Hälften abdecken. Aus der Hand essen.

PRAXISTIPP
Mit einer Burgerpresse erhält man formschöne, gleich große und dicke Hacksteaks (Patties): einfach 1 Portion Hack in die untere Schale der Presse geben und mit dem »Stempel« kräftig daraufdrücken. Das Patty aus der Schale auf das Backpapier stürzen. Ansonsten das Hack mit einer Backpalette gleichmäßig formen.

SO SCHMECKT'S AUCH
Für würzige Blue-Cheese-Burger nach dem Wenden der Hacksteaks je 1 Stück Edelpilzkäse (je ca. 20 g) darauflegen und während des Fertiggrillens anschmelzen lassen.

Gibt es eine Steigerung von Cheeseburger? Aber klar doch! Mageres Hack aus Steakfleisch, gegrillte Zwiebelringe und eine Cheddar-Käsesauce auf dem Brötchen. Der Lieblings-Burger aus Philadelphia!

Philadelphia Steakburger

Für 4 Personen
Zubereitung: ca. 35 Min.
Grillen: 9 Min.
Pro Portion: ca. 815 kcal,
55 g EW, 46 g F, 45 g KH

800 g mageres Rinderhackfleisch
(aus Steakfleisch)
Salz | Pfeffer
4 Blätter Romanasalat
1 große grüne Paprikaschote
2 große Gemüsezwiebeln
2 EL Olivenöl
1 EL Butter
1 EL Mehl
300 ml Milch
75 g geriebener Cheddar
1 Prise frisch geriebene
Muskatnuss
2 – 3 Spritzer Worcestersauce
4 große Kaiserbrötchen oder
Burger-Brötchen (Buns)
4 EL Tomatenketchup

Außerdem:
Öl zum Bestreichen

1. Das Hackfleisch in eine Schüssel geben, mit Salz und Pfeffer würzen, vorsichtig durchmischen (Bild 1). Hack in 8 Portionen teilen und zu dünnen Hacksteaks formen. Einen Löffelrücken einölen, die Steaks in der Mitte etwas flacher drücken (Bild 2). Fertige Patties mit Folie abdecken, in den Kühlschrank stellen.

2. Den Salat waschen, trocken tupfen und in Streifen schneiden. Paprikaschote putzen, waschen und in dünne Ringe schneiden. Zwiebeln schälen, in dicke Scheiben schneiden, in eine Schale geben, etwas salzen und mit dem Olivenöl vermischen.

3. In einem Topf die Butter schmelzen, Mehl einrühren. Unter kräftigem Rühren mit dem Schneebesen nach und nach die Milch dazugießen. Die Sauce bei schwacher Hitze 5 Min. sanft köcheln lassen. Käse unterrühren, bis er geschmolzen ist. Mit Salz, Pfeffer, Muskat und Worcestersauce würzen. Warm halten.

4. Grill anheizen. Grillrost heiß werden lassen, leicht ölen. Die Patties mit Öl bestreichen, auf den Rost legen und bei mittlerer bis starker Hitze 4 – 5 Min. grillen, dann wenden (Bild 3). Patties auf der zweiten Seite 3 – 4 Min. grillen, dann am Rand des Rosts warm halten. Die Zwiebelscheiben in der Rostmitte auf beiden Seiten grillen, bis sie braune Streifen zeigen. Gleichzeitig die Brötchen aufschneiden und auf den Schnittflächen hell rösten.

5. Untere Brötchenhälften mit Salat bestreuen, 1 Patty darauflegen, mit Ketchup bestreichen und mit Paprika belegen. Einen zweiten Patty auflegen, gegrillte Zwiebelringe daraufgeben und mit Käsesauce übergießen. Brötchendeckel auflegen, servieren.

1 *Für diese Burger nur Hack aus Steakfleisch (Rinderrücken!) verwenden. Es ist zarter und hat weniger Bindegewebe als das Hack aus Schulter oder Keule. Salzen, pfeffern und vorsichtig vermengen, damit die Patties schön locker werden.*

2 *Damit sich die Burger-Patties auf dem Grill nicht aufwölben, mit einem geölten Löffelrücken jeweils in der Mitte der Hacksteaks eine Mulde eindrücken, sodass sie am Rand dicker sind als in der Mitte.*

3 *Die Hacksteaks mit ein wenig Öl bestreichen und auf den heißen Grillrost legen. Nun warten, bis die Patties nach 4–5 Min. ohne Anhaften mit der Grillzange gewendet werden können. Nicht mit der Zange auf die Burger drücken, sonst tropft Fleischsaft heraus und die Steakburger werden zäh.*

Berliner Burger

Für 4 Personen
Zubereitung: ca. 30 Min.
Grillen: 16 Min.
Pro Portion: ca. 570 kcal,
37 g EW, 31 g F, 36 g KH

5 längliche Brötchen
(davon 1 Brötchen vom Vortag)
1 große Zwiebel
1 EL Butter
300 g mageres Rinderhackfleisch
300 g nicht zu fettes
Schweinehackfleisch
1 Ei (M)
Salz | Pfeffer
4 EL mittelscharfer Senf

Außerdem:
Öl zum Bestreichen

1. Das Brötchen vom Vortag in kaltem Wasser ca. 10 Min. einweichen, dann gut ausdrücken und in eine Schüssel geben. Die Zwiebel schälen und klein würfeln. Butter schmelzen und darin die Zwiebel andünsten, unter das Brötchen mischen. Beide Hackfleischsorten und das Ei dazugeben, mit Salz und Pfeffer würzen und alles gut durchkneten. Bis zum Grillen kalt stellen.

2. Den Grill anheizen. Die übrigen Brötchen aufschneiden. Anschließend aus der Hackfleischmasse 8 gleichmäßig runde, flach gedrückte Hacksteaks formen.

3. Den Grillrost heiß werden lassen, leicht ölen. Die Hacksteaks auf den Rost legen und bei mittlerer Hitze pro Seite 5 – 8 Min. grillen. Gleichzeitig am Rand des Rosts die Brötchen auf den Schnittflächen kurz anrösten. Die Brötchen mit den Hacksteaks füllen, dabei jeweils 1 guten Klecks Senf daraufgeben.

TO-GO-TIPP

Die Buletten sind perfekt zum Mitnehmen: gleich ein paar mehr zubereiten und dann am nächsten Tag zur Brotzeit essen – einfach kalt aus der Hand mit Senf, köstlich!

Kokosburger mit Banane

Für 4 Personen
Zubereitung: ca. 30 Min.
Grillen: 10 Min.
Pro Portion: ca. 710 kcal,
37 g EW, 36 g F, 58 g KH

2 Scheiben Toastbrot | 1 Zwiebel
1 Knoblauchzehe | 2 Eier (M)
je ¼ TL Cayennepfeffer,
gemahlene Nelken und
gemahlener Kreuzkümmel
500 g gemischtes Hackfleisch
Salz | Pfeffer
175 g Kirschtomaten
2 feste, noch etwas grüne
Bananen | 6 EL Kokosraspel
4 Pita-Brötchen (zum Füllen)

Außerdem:
4 lange Holzspieße
Öl zum Bestreichen

1. Toastbrot in Wasser kurz einweichen, dann fest ausdrücken. Zwiebel und Knoblauch schälen, fein hacken und mit Eiern, Gewürzen und Hackfleisch in eine Schüssel geben. Alles kräftig verkneten, mit Salz und Pfeffer würzen. Die Hackfleischmasse zu 4 großen, flachen Hacksteaks formen, mit Folie abdecken und in den Kühlschrank stellen. Die Holzspieße wässern.

2. Den Grill anheizen. Die Kirschtomaten waschen, die Bananen schälen und in ca. 3 cm dicke Scheiben schneiden. Holzspieße trocknen, ölen und abwechselnd die Tomaten und die Bananenscheiben aufstecken. Die Kokosraspel auf einen Teller streuen.

3. Den Grillrost heiß werden lassen, gut ölen. Die Hacksteaks in den Kokosraspeln wenden, auf den Rost legen und bei mittlerer Hitze pro Seite 4 – 5 Min. grillen, dabei ab und zu mit Öl bestreichen. Am Rand des Rosts die Bananen-Tomaten-Spieße grillen, dabei mit Öl bepinseln, zum Schluss mit Salz und Pfeffer würzen. Die Pita-Brötchen ebenfalls auf dem Grill kurz rösten.

4. Die Pita-Brötchen mit den Kokoshacksteaks füllen, mit den Tomaten-Bananen-Spießen auf Teller geben und servieren. Dazu passt die Senfsauce von S. 38 oder die Guacamole von S. 58 gut.

Minze-Avocado-Creme

2 Avocados halbieren, die Kerne entfernen. Das Fruchtfleisch mit einem Löffel aus der Schale lösen, mit 2 EL Frischkäse, 1 EL Zitronensaft und 1 EL Olivenöl pürieren. Dann die Blättchen von 2 – 3 Stängeln Minze fein hacken und gut unterrühren. Anschließend die Avocado-Creme mit je 1 Prise Chilipulver, Salz, Pfeffer, Zucker und etwas Zitronensaft abschmecken.

Hackbällchen-Tortillas

Für 4 Personen
Zubereitung: ca. 45 Min.
Grillen: 10 Min.
Pro Portion: ca. 630 kcal,
40 g EW, 33 g F, 42 g KH

1 Zwiebel | 2 Knoblauchzehen
600 g Rinderhackfleisch
1 Ei (M) | 3 EL Semmelbrösel
Salz | Pfeffer
je ½ TL getrockneter Oregano,
Kreuzkümmel- und Chilipulver
½ Eisbergsalat | 150 g Tomaten
1 grüne Paprikaschote
200 g saure Sahne
4 Weizen-Tortillas | 4 Metall-
spieße | Öl zum Bestreichen

1. Zwiebel und Knoblauch schälen, fein hacken. Mit Hack, Ei und Semmelbröseln vermischen. Mit Salz, Pfeffer und Gewürzen pikant abschmecken. Abgedeckt in den Kühlschrank stellen. Den Salat waschen, trocken schleudern und in Streifen schneiden. Tomaten waschen und ohne Stielansätze klein würfeln. Paprika putzen, waschen und in dünne Streifen schneiden. Sahne mit etwas Salz würzen und glatt rühren.

2. Den Grill anheizen. Die Hackmasse zu ca. 4 cm großen Bällchen formen. Die Spieße ölen und die Hackbällchen aufstecken, mit Öl bestreichen. Den Grillrost heiß werden lassen, leicht ölen. Spieße auf den Rost legen und bei mittlerer Hitze rundherum in ca. 10 Min. goldbraun grillen. Die Tortillas kurz von beiden Seiten grillen, bis sie heiß sind.

3. Salat, Tomaten und Paprika auf den Tortillas verteilen, salzen und pfeffern. Die Hackbällchen von den Spießen auf das Gemüse streifen. Sahne und eventuell Minze-Avocado-Creme (siehe linke Seite) darauf verteilen. Die Tortillas aufrollen.

Hähnchenbaguette

Für 4 Personen
Zubereitung: ca. 30 Min.
Grillen: 12 Min.
Pro Portion: ca. 495 kcal,
34 g EW, 24 g F, 35 g KH

4 Hähnchenbrustfilets (je 125 g)
Salz | Pfeffer
je 1 rote und grüne Paprika-
schote | 1 Knoblauchzehe
75 g Mayonnaise | 2 EL Joghurt
1 TL spanisches Paprikapulver
(Pimentón ahumado picante)
2 TL extrascharfer Senf
1 große Gemüsezwiebel
4 Mini-Baguettes
Öl zum Bestreichen

1. Die Filets salzen, pfeffern und mit etwas Öl bestreichen. Abgedeckt in den Kühlschrank stellen. Die Paprikaschoten putzen, waschen, längs in 4 cm breite Spalten schneiden und ebenfalls salzen, pfeffern und einölen. Für die Sauce Knoblauch schälen und zur Mayonnaise pressen. Mit Joghurt, Paprikapulver und Senf verrühren, eventuell mit Salz und Pfeffer abschmecken.

2. Den Grill anheizen. Die Gemüsezwiebel schälen, vierteln und in dünne Streifen schneiden. Den Grillrost heiß werden lassen, leicht ölen. Hähnchenfilets auf den Rost legen und bei mittlerer bis starker Hitze pro Seite 5 – 6 Min. grillen. Daneben die Paprikastücke auf beiden Seiten grillen, bis sie braune Stellen haben.

3. Die Baguettes aufschneiden und kurz auf dem Grill rösten. Mit den Hähnchenfilets belegen, darüber die gegrillten Paprikastücke und die rohen Zwiebelstreifen verteilen. Sauce darübergießen und die Baguettedeckel auflegen, servieren. Nach Belieben Minze-Avocado-Creme (siehe linke Seite) dazu reichen.

Die »Teller« aus Pizzateig sind eine prima Unterlage für die Steaks und gleichzeitig auch die Beilage. Die Sauce aber nicht zu lange einziehen lassen, sonst weicht der Pizzaboden zu sehr auf.

Rindersteaks im Pizzateller

Für 4 Personen
Zubereitung: ca. 1 Std.
Ruhen: 1 Std.
Backen: 30 Min.
Grillen: 10 Min.
Pro Portion: ca. 830 kcal,
57 g EW, 25 g F, 95 g KH

Für den Teig:
1 Pck. Trockenhefe | 500 g Mehl
1 TL Salz | 2 EL Olivenöl

Für den Belag:
1 große Gemüsezwiebel
2 Knoblauchzehen | 3 EL Olivenöl
250 g vollreife Tomaten
4 eingelegte Artischockenböden
75 g grüne Oliven (ohne Stein)
¼ l Rinderbrühe
Salz | Pfeffer
1 TL getrockneter Thymian
4 Rindersteaks (je ca. 180 g,
z. B. aus dem Roastbeef)

Außerdem:
4 feuerfeste Suppenteller
(20 cm Ø, z. B. für Zwiebel-
suppe) Öl zum Bestreichen

1. Für den Teig die Hefe mit knapp 300 ml lauwarmem Wasser anrühren und mit Mehl und Salz in eine Schüssel geben. Alles mit den Knethaken des Handrührgeräts zu einem glatten Teig verkneten, dabei das Olivenöl dazugeben. Anschließend den Teig mit den Händen zu einer Kugel formen (Bild 1). Abgedeckt an einem warmen Ort ca. 1 Std. gehen lassen.

2. Inzwischen für den Belag Zwiebel und Knoblauch schälen, klein würfeln und in 1 EL Olivenöl in einer feuerfesten Pfanne bei schwacher bis mittlerer Hitze langsam nussbraun braten. Die Tomaten mit kochend heißem Wasser überbrühen, häuten, entkernen und klein würfeln. Artischocken und Oliven ebenfalls klein würfeln. Alles in die Pfanne geben, Brühe aufgießen und ca. 10 Min. sanft kochen lassen, bis die Sauce dickflüssig ist. Mit Salz, Pfeffer und Thymian würzen, beiseitestellen.

3. Den Backofen auf höchster Stufe (Umluft nicht geeignet) vorheizen. Vier feuerfeste Suppenteller (20 cm Ø) leicht ölen. Den Teig vierteln, zu tellergroßen Kreisen ausrollen, in die Teller legen, andrücken. Nacheinander im Ofen (Mitte) in ca. 15 Min. knusprig backen. Aus dem Ofen nehmen, Pizzaböden vom Teller abheben und abkühlen lassen (Bild 2).

4. Grill anheizen. Die Steaks mit übrigem Olivenöl bestreichen. Grillrost heiß werden lassen, ölen. Steaks auf den Rost legen und bei starker Hitze pro Seite in 3 – 5 Min. rosa bis medium grillen, beim Wenden salzen, pfeffern. Steaks vom Grill nehmen, kurz nachziehen lassen. Sauce am Rostrand erwärmen (Bild 3), Pizzateller in der Rostmitte erhitzen. Steaks in Streifen schneiden, in die Pizzateller geben und mit Sauce übergießen.

1 *Hefeteig so lange kräftig kneten, bis er ganz seidig und glatt ist. Zu einer Kugel formen und mit etwas Öl bestreichen, so trocknet er nicht aus. Die Schüssel mit Folie abdecken und den Teig ca. 1 Std. gehen lassen, bis sich das Volumen verdoppelt hat.*

2 *Für die Unterlage feuerfeste Suppenteller auf ein Backblech stellen, leicht ölen. Die Teigkreise hineinlegen und gut in die Tellermulden drücken. Im sehr heißen Backofen backen, dann die geformten Pizzaböden gleich vom Teller abheben und auskühlen lassen, sonst wird der Teig weich.*

3 *Die Sauce eventuell nicht am Rand des Grillrosts erwärmen, sondern die Pfanne in die Glut stellen – das geht viel schneller. Dabei öfters umrühren, damit die Sauce nicht anhängt. Dann erst am Tisch über das Fleisch gießen, so weicht der Pizzateig nicht durch.*

Schawarma-Grillfleisch

Für 4 Personen
Zubereitung: ca. 35 Min.
Marinieren: 3 Std.
Grillen: 10 Min.
Pro Portion: ca. 395 kcal,
39 g EW, 12 g F, 30 g KH

4 Putenschnitzel (ca. 500 g)
4 Knoblauchzehen
3 EL Zitronensaft
2 EL Sonnenblumenöl
1 TL getrocknete Minze
je ½ TL Kreuzkümmel-, Piment-,
Zimt- und Nelkenpulver
Pfeffer
450 g stichfester Naturjoghurt
Salz
2 TL geröstetes Sesamöl
je 3 Stängel Petersilie und Minze
1 Mini-Romanasalat
3 Tomaten
4 dünne Pita-Fladenbrote
(ersatzweise Weizen-Tortillas)

Außerdem:
Leinentuch
Öl zum Bestreichen

1. Die Schnitzel auf der Arbeitsfläche auslegen und mit der flachen Seite des Fleischklopfers dünn klopfen, nebeneinander in eine große Schale legen. 2 Knoblauchzehen schälen und durchpressen, mit Zitronensaft, Sonnenblumenöl, getrockneter Minze, den Gewürzen und Pfeffer verrühren. Die Marinade über die Schnitzel gießen. Abgedeckt im Kühlschrank 3 Std. durchziehen lassen, dabei die Schnitzel ab und zu wenden.

2. Inzwischen für die Sauce das Leinentuch anfeuchten und ein Sieb damit auslegen. Joghurt einfüllen, 3 Std. abtropfen lassen.

3. Dann den Joghurt in eine Schüssel geben. Restliche 2 Knoblauchzehen schälen, mit etwas Salz zerreiben und mit Sesamöl unter den Joghurt rühren. Petersilie und Minze abbrausen und trocken schütteln, Blättchen fein schneiden und ebenfalls unter den Joghurt rühren. Sauce mit Salz und Pfeffer würzen.

4. Grill anheizen. Romanasalat auseinanderpflücken, waschen, trocken schleudern und in dünne Streifen schneiden. Tomaten waschen und klein würfeln, dabei die Stielansätze entfernen.

5. Den Grillrost heiß werden lassen, leicht ölen. Die Schnitzel abtropfen lassen, überschüssige Marinade abstreifen. Das Fleisch auf den Rost legen und bei mittlerer Hitze pro Seite 4 – 5 Min. grillen. Die Schnitzel salzen und pfeffern, vom Grill nehmen. Die Fladenbrote auf beiden Seiten kurz heiß werden lassen.

6. Die Schnitzel in Streifen schneiden, mit Salat und Tomaten mischen. Die Fladen mit etwas Joghurtsauce bestreichen und die Fleischmischung daraufgeben, übrige Joghurtsauce darüber verteilen. Die Fladenbrote aufrollen und servieren.

SO SCHMECKT'S AUCH
Statt der Putenschnitzel kann auch Lammlende (Lammlachse) genommen werden. Diese längs halbiere. Nach dem Grillen eventuell noch mit Chiliflocken bestreuen.

Hackfleischspieße

Für 4 Personen
Zubereitung: ca. 40 Min.
Grillen: 16 Min.
Pro Portion: ca. 710 kcal,
48 g EW, 27 g F, 68 g KH

1 Zwiebel | 2 Knoblauchzehen
750 g Lamm- oder
Rinderhackfleisch
Salz | Pfeffer
1 TL rosenscharfes Paprikapulver
½ TL Chiliflocken
¼ TL gemahlener Kreuzkümmel
4 kleine Tomaten
8 lange grüne Peperoni
1 Sesam-Fladenbrot
4 EL Olivenöl

Außerdem:
8 flache, lange Metallspieße
Öl zum Bestreichen

1. Zwiebel und Knoblauch schälen, grob würfeln und mit dem Pürierstab zu Mus mixen. Mit dem Hackfleisch in eine Schüssel geben. Mit Salz, Pfeffer und den Gewürzen pikant würzen. Alles gründlich verkneten. Abgedeckt in den Kühlschrank stellen.

2. Die Metallspieße einölen. Den Grill anheizen. Die Tomaten waschen und halbieren, die Stielansätze entfernen. Die Peperoni waschen, ganz lassen. Das Hackfleisch in 8 Portionen teilen mit angefeuchteten Händen um die Spieße herum zu langen Würsten formen, etwas flach drücken und mit Öl bestreichen.

3. Den Grillrost heiß werden lassen, leicht ölen. Die Hack-fleischspieße auf den Rost legen und bei mittlerer Hitze pro Seite 6 – 8 Min. grillen. Dabei die Tomatenhälften und die Peperoni am Rand des Rosts mitgaren, zum Schluss salzen.

4. Das Fladenbrot vierteln, aufschneiden und die Schnittflächen mit dem Olivenöl beträufeln. Wenn die Fleischspieße gar sind, das Fladenbrot kurz auf den Schnittflächen grillen, mit dem gegrillten Gemüse belegen und die Hackwürste von den Spießen daraufstreifen. Die Fladendeckel auflegen, servieren. Dazu nach Belieben noch Knoblauchjoghurt mit auf den Tisch stellen.

Gefüllte Käsetortillas

Für 4 Personen
Zubereitung: ca. 40 Min.
Grillen: 10 Min.
Pro Portion: ca. 555 kcal,
29 g EW, 20 g F, 63 g KH

2 Zwiebeln
2 Knoblauchzehen
1 EL Sonnenblumenöl
200 g gemischtes oder Rinderhackfleisch
3 EL Tomatenmark
Salz | Pfeffer
½ TL gemahlener Kreuzkümmel
75 g bunt gemischte Chilischoten
150 g junger Gouda
8 kleine Weizen-Tortillas

Außerdem:
Öl zum Bestreichen

1. Die Zwiebeln schälen und in dünne Ringe schneiden. Den Knoblauch schälen und fein hacken. Das Sonnenblumenöl in einer Pfanne erhitzen, darin Zwiebeln und Knoblauch glasig dünsten. Hackfleisch einrühren und dabei zerbröseln, ca. 5 Min. braten, bis es nicht mehr rosig ist. Tomatenmark unterrühren, kurz andünsten, dann 1 Schuss Wasser dazugießen. Mit Salz, Pfeffer und Kreuzkümmel würzen. Die Sauce kurz kochen, bis sie dicklich ist. Vom Herd nehmen.

2. Die Chilischoten entstielen und längs aufschlitzen, Samen und helle Trennwände entfernen. Die Schoten waschen und klein schneiden. Den Käse grob raspeln oder klein würfeln.

3. Den Grill anheizen. Die Hälfte der Weizen-Tortillas mit der Hackfleischsauce bestreichen, die Chilis und den Käse darüberstreuen. Mit den übrigen Tortillas abdecken, fest andrücken.

4. Den Grillrost heiß werden lassen, leicht ölen. Käsetortillas auf den Rost legen und bei mittlerer Hitze pro Seite 4 – 5 Min. grillen, bis der Käse geschmolzen ist. Dabei die Tortillas immer wieder mit einem Pfannenwender gut zusammendrücken und auch mit diesem wenden. Die fertigen Käsetortillas vierteln und servieren. Aus der Hand zu essen.

Focaccia

350 g Mehl (Type 550) in eine Schüssel geben. ½ Pck. Trockenhefe mit
1 TL Zucker und ca. 200 ml lauwarmem Wasser anrühren, zum Mehl
gießen. 15 Min. gehen lassen. 1 EL Olivenöl und 1 TL Salz dazugeben,
alles kräftig zu einem glatten Teig verkneten. Abgedeckt 1 Std. gehen
lassen. Erneut durchkneten und weitere 30 Min. gehen lassen. Den
Backofen auf 250° vorheizen, Backblech mit Backpapier auslegen. Den
Teig auf dem Blech zu einem 1 cm dicken Rechteck ausrollen und mit
den Fingerspitzen Vertiefungen eindrücken. Die Oberfläche mit etwas
Salz bestreuen, mit 2 EL Olivenöl bestreichen, 15 Min. gehen lassen.
Die Focaccia im Ofen (Mitte) 10 Min. backen, dann mit 2 EL Olivenöl
bestreichen und in weiteren 5 – 10 Min. goldbraun backen.

Focaccia mit Mozzarella

Für 4 Personen
Zubereitung: ca. 20 Min.
Grillen: 20 Min.
Pro Portion: ca. 695 kcal,
29 g EW, 35 g F, 65 g KH

1 Focaccia (siehe linke Seite)
2 EL Olivenöl
350 g feste Tomaten
100 g Parmaschinken
(in dünnen Scheiben)
250 g Mozzarella | Salz | Pfeffer
3 Stängel Basilikum

Außerdem:
Öl zum Bestreichen

1. Die Focaccia in 4 gleich große Rechtecke teilen, aufschneiden und die Schnittflächen gleichmäßig mit dem Olivenöl beträufeln. Die Tomaten waschen, trocken tupfen und in dünne Scheiben schneiden, dabei die Stielansätze entfernen.

2. Die Tomatenscheiben auf den unteren Hälften der Focacciastücke verteilen, mit dem Parmaschinken belegen. Mozzarella abtropfen lassen, in dünne Scheiben schneiden und auf dem Schinken verteilen. Mit Salz und Pfeffer würzen.

3. Das Basilikum abbrausen und trocken schütteln, die Blättchen abzupfen und über den Mozzarella streuen. Mit den oberen Fladenhälften bedecken und andrücken.

4. Den Grill anheizen. Den Grillrost heiß werden lassen, leicht ölen. Die gefüllten Focaccia-Sandwiches auf den Rost legen und bei mittlerer Hitze pro Seite 7 – 10 Min. grillen, bis der Mozzarella zu schmelzen beginnt. Dabei die Focaccia immer wieder mal mit einem Pfannenwender zusammendrücken. Heiß servieren.

Focaccia mit Rucola

Für 4 Personen
Zubereitung: ca. 20 Min.
Grillen: 20 Min.
Pro Portion: ca. 685 kcal,
24 g EW, 36 g F, 65 g KH

1 Focaccia (siehe linke Seite)
2 EL Olivenöl
2 Knoblauchzehen
200 g Fontina (ersatzweise
Fontal, Provolone, Bergkäse)
100 g Rucola
12 grüne Oliven (ohne Stein)
grob gemahlener Pfeffer

Außerdem:
Öl zum Bestreichen

1. Die Focaccia so vierteln, dass Dreiecke entstehen. Diese von der Spitze aus bis 3 cm zum Fladenrand hin einschneiden. Das Olivenöl in einem kleinen Topf erwärmen. Die Knoblauchzehen schälen und dazupressen. Kurz aufschäumen lassen, dann die Focacciastücke innen mit dem Knoblauchöl einpinseln.

2. Den Grill anheizen. Den Fontina grob raspeln. Den Rucola verlesen, dabei harte Stiele entfernen. Die Blätter waschen und gut trocken schleudern. Oliven in dünne Scheiben schneiden. Die Focacciastücke mit Rucola, Käse und Oliven füllen, mit Pfeffer bestreuen und die Focaccia gut zusammendrücken.

3. Den Grillrost heiß werden lassen, leicht ölen. Die gefüllten Focaccia-Sandwiches auf den Rost legen und bei mittlerer Hitze pro Seite 8 – 10 Min. grillen, bis der Fontina zu schmelzen beginnt. Dabei die Focaccia immer wieder mal mit einem Pfannenwender zusammendrücken. Heiß servieren.

Pulled Pork

Dieses Gericht nach amerikanischem Vorbild ist die Königsdisziplin des BBQ. Nicht weil die Zubereitung so kompliziert wäre. Grund dafür ist die zeitaufwendige Zubereitung, die Geduld und so manches Wochenende fordert, aber mit besonders zartem Fleisch belohnt.

Wobei echte BBQ-Liebhaber ihre freien Tage gerne dafür verwenden, um das Garen von **großen Fleischstücken** zu zelebrieren. In Barbecue-Smokern, den Räuchergeräten der Extraklasse, wird das Fleisch bei einer Temperatur von 100°–110° mindestens 15 Stunden, besser noch 20 Stunden geräuchert, bis es butterzart ist und in kleine Stücke gezupft werden kann.

Pulled Pork gerät am besten aus der Schweineschulter mit Knochen oder aus einem ausgebeinten Schweinenacken. Der Knochen liefert der Schulter zusätzliches Aroma, das Fleisch vom Nacken gart gleichmäßiger. Der eigene Geschmack hilft bei der Kaufentscheidung.

Vor dem Garen muss das Fleisch mit einem **Rub,** einer trockenen Gewürzmischung aus Pfeffer, Paprika, Chili, Salz und Zucker, dick eingerieben werden. Anschließend kommt es gut in Frischhaltefolie eingepackt über Nacht in den Kühlschrank, um dort durchziehen zu können.

Für die Zubereitung im Smoker braucht es unbedingt ein Fleischthermometer: **die Kerntemperatur** des Fleischstücks sollte möglichst über die gesamte Garzeit gemessen werden. Denn bei 75° beginnt das **Moppen** – alle 1 ½ Stunden werden Schulter oder Nacken mit einer dicklichen Sauce aus Ketchup, Orangensaft, Honig und Senf bestrichen. Bei 90° ist das Fleisch fertig gegart.

Ist das Prachtstück endlich gar und extrem weich, wird es vorsichtig vom Rost gehoben, damit es nicht zerfällt. Dann am besten in Alufolie einwickeln, sodass sich der Fleischsaft in der 30-minütigen **Nachruhezeit** gleichmäßig verteilen kann. Dann wird das Fleisch mit Gabeln zerzupft, mit Würzsauce vermischt und im Brötchen gegessen. Ganz klassisch gehört frischer Cole Slaw dazu, ein Weißkohlsalat mit Mayo (siehe S. 140).

Gezupftes Schweinefleisch

Für 6 Personen
Zubereitung: ca. 30 Min.
Marinieren: 12 Std.
Grillen: 15 Std. | Ruhen: 30 Min.
Pro Portion: ca. 730 kcal,
51 g EW, 48 g F, 22 g KH

2 kg Schweinebraten (aus der
Schulter, ohne Schwarte,
mit Knochen)
Fleischthermometer

Für den Rub:
1 TL schwarze Pfefferkörner
1 TL Selleriesalz | 2 TL Salz
je ½ TL Chilipulver, getrockneter
Thymian und Majoran
2 TL edelsüßes Paprikapulver
1 EL Rohrzucker

Für das Moppen:
300 g Tomatenketchup
100 ml Orangensaft
3 EL Weinessig | 2 EL Dijon-Senf
2 EL Honig | 1 EL Worcestersauce

1. Den Schweinebraten in eine große Schale legen. Für den Rub alle Zutaten in einem Mörser leicht zerstoßen und zerreiben. Das Fleisch damit bestreuen und den Rub gründlich einreiben, sodass der Braten rundherum gut damit bedeckt ist. In Frischhaltefolie einwickeln und 12 Std. (am besten über Nacht) im Kühlschrank ruhen und marinieren lassen.

2. Den Smoker oder einen Kugelgrill (mit Grillbriketts) auf 100°–110° vorheizen. Beim Kugelgrill die Briketts an die Seite schieben. Den Braten auf den Rost legen und bei konstanter Temperatur ca. 15 Std. garen. Bei einem Kugelgrill jede Stunde Grillbriketts nachlegen, dabei aber unbedingt aufpassen, dass die Hitze nicht zu groß wird.

3. Nach ca. 7 Std. das Thermometer in die dickste Stelle des Bratens stecken (und dort belassen, sonst fließt unnötig Fleischsaft aus) – und wenn die Kerntemperatur 75° beträgt, mit dem Moppen beginnen. Dafür Ketchup, Saft, Essig, Senf, Honig und Worcestersauce verrühren und das Fleisch rundherum mit der Würzsauce bepinseln. Das Bestreichen alle 1 ½ Std. wiederholen (nicht öfter, sonst geht beim Garen zu viel Wärme verloren).

4. Wenn die Kerntemperatur 90° beträgt, das Fleisch vorsichtig aus dem Smoker oder Grill nehmen, in Alufolie einwickeln und noch 30 Min. ruhen lassen. Dann mit zwei Gabeln zerpflücken, mit der übrigen Würzsauce vermischen und servieren.

Die Piadine sind ein altes »Fingerfood« aus der italienischen Emilia-Romagna – dünne Fladenbrote, die mit allem Möglichen gefüllt werden. Besonders fein schmecken sie mit gegrillten Kürbisspalten.

Piadine mit Grillkürbis

Für 4 Personen
Zubereitung: ca. 45 Min.
Ruhen: 1 Std.
Grillen: 10 Min.
Pro Portion: ca. 895 kcal,
25 g EW, 44 g F, 97 g KH

Für die Piadine:
500 g Mehl (Type 550)
2 TL Backpulver | 1 TL Salz
75 g Schweineschmalz (ersatzweise Sonnenblumenöl)

Für die Füllung:
600 g Hokkaido-Kürbis
2 Knoblauchzehen
4 EL Olivenöl | 1 TL Zitronensaft
2 EL gehackte Kräuter (Petersilie,
Salbei, Rosmarin, Oregano)
Pfeffer | 1 Prise Chilipulver
Salz | 1 Mini-Romanasalat
4 Stängel Basilikum
250 g Ziegenfrischkäse

Außerdem:
Mehl zum Arbeiten
Öl zum Bestreichen

1. Für die Piadine Mehl, Backpulver und Salz in einer Schüssel mischen. Schmalz dazugeben und mit den Fingern gleichmäßig unters Mehl arbeiten. Knapp 300 ml lauwarmes Wasser dazugießen (Bild 1) und alles in 10 Min kräftig zu einem weichen und elastischen Teig verkneten. Abgedeckt ca. 1 Std. ruhen lassen.

2. Kürbis waschen und halbieren, Kerne und Fasern entfernen. Kürbis in 2 cm dicke Spalten schneiden. Den Knoblauch schälen und zum Olivenöl pressen, mit Zitronensaft, Kräutern, Pfeffer, Chilipulver und Salz verrühren. Damit die Kürbisspalten dick bestreichen und abgedeckt bis zum Grillen marinieren (Bild 2).

3. Den Teig achteln und jeweils auf wenig Mehl zu dünnen Fladen (18 cm ⌀) ausrollen, mit einem feuchten Tuch abdecken. Eine schwere Pfanne erhitzen, mit wenig Öl einstreichen und jeden Fladen bei starker Hitze pro Seite 30 Sek. backen. Fertige Fladen stapeln und wieder mit einem feuchten Tuch bedecken.

4. Den Grill anheizen. Die Blätter vom Romanasalat ablösen, waschen, trocken schleudern und in dünne Streifen schneiden. Basilikumblätter zerzupfen und mit dem Salat vermischen.

5. Den Grillrost heiß werden lassen, leicht ölen. Kürbisspalten auf den Rost legen und bei mittlerer Hitze pro Seite 4 – 5 Min. grillen, herunternehmen, Piadine kurz auf dem Grill erwärmen

6. Die Piadine mit dem Salat belegen, die Kürbisspalten daraufgeben und den Frischkäse darüberbröckeln (Bild 3). Mit Salz und Pfeffer würzen. Die Piadine tütenartig aufrollen und servieren.

1 *Für den Teig zunächst nur das Schmalz zum Mehl geben und mit den Fingerspitzen so lange mit dem Mehl zerkrümeln, bis sich beides gut vermischt hat. Dann erst das Wasser dazugeben, sonst bleiben kleine Fettbröckchen im Teig.*

2 *Der orangefarbene Hokkaido-Kürbis hat ein festes Fleisch, das sich optimal zum Grillen eignet. Die Schale kann sehr gut mitgegessen werden, allerdings bleibt sie beim Grillen recht bissfest. Nach Belieben die Kürbisspalten also noch schälen.*

3 *Die Salatstreifen, das Basilikum und die Frischkäsebröckchen möglichst gleichmäßig auf den Piadine verteilen, die Kürbisspalten eher in der Mitte platzieren – so lassen sich die Fladen gut aufrollen.*

Sardinenbrötchen

Für 4 Personen
Zubereitung: ca. 35 Min.
Grillen: 14 Min.
Pro Portion: ca. 485 kcal,
43 g EW, 22 g F, 29 g KH

8 kleine Sardinen
(küchenfertig)
Salz
3 Knoblauchzehen
5 EL Olivenöl
1 rote Chilischote
2 EL milder Weißweinessig
½ TL Kreuzkümmelsamen
Pfeffer
4 Baguettebrötchen

Außerdem:
Öl zum Bestreichen

1. Die Sardinen waschen und alle dunklen Häute in der Bauchhöhle entfernen. Die Fische mit Küchenpapier trocken tupfen, innen und außen mit Salz bestreuen. 1 Knoblauchzehe schälen und fein hacken, über die Sardinen streuen. Mit 2 EL Olivenöl beträufeln, abgedeckt in den Kühlschrank stellen.

2. Die Chilischote entstielen und längs aufschlitzen, Samen und helle Trennwände entfernen. Die Schoten waschen und in kleine Stücke schneiden. Restliche Knoblauchzehen schälen und grob hacken. Beides mit Essig, Kreuzkümmel und übrigem Olivenöl im Mixer oder mit dem Pürierstab fein pürieren. Mit Salz und Pfeffer abschmecken.

3. Den Grill anheizen. Den Grillrost heiß werden lassen, leicht ölen. Das Öl von den Sardinen etwas abstreifen. Die Sardinen auf den Rost legen und bei mittlerer Hitze pro Seite 5 – 7 Min. grillen. Die Baguettebrötchen aufschneiden und mit den Schnittflächen auf dem Grill kurz anrösten.

4. Die Brötchenunterseiten mit den Sardinen belegen, mit der Chilisauce beträufeln und mit dem Brötchendeckel servieren.

Thunfischburger

Für 4 Personen
Zubereitung: ca. 35 Min.
Grillen: 15 Min.
Pro Portion: ca. 625 kcal,
45 g EW, 31 g F, 43 g KH

4 Thunfischsteaks (je ca. 150 g,
möglichst mit Handleinen
gefangener Echter Bonito oder
Gelbflossen-Thunfisch)
Salz | Pfeffer
1 Bio-Limette | 2 EL Olivenöl
100 g Mayonnaise
1 Knoblauchzehe
2 Tomaten
8 Blätter Kopfsalat
4 große Burger-Brötchen (Buns)

Außerdem:
Öl zum Bestreichen

1. Die Thunfischsteaks in eine große flache Schale geben, mit Salz und Pfeffer würzen. Limette heiß waschen, die Schale fein abreiben, den Saft auspressen. Thunfischsteaks mit Olivenöl bestreichen und mit etwas Limettensaft beträufeln, beiseitestellen.

2. Die Mayonnaise mit Limettenschale und dem restlichen Limettensaft verquirlen. Knoblauch schälen und dazupressen.

3. Den Grill anheizen. Die Tomaten waschen und in dünne Scheiben schneiden, dabei die Stielansätze entfernen. Salatblätter waschen, trocken tupfen und in große Stücke zupfen.

4. Den Grillrost heiß werden lassen, leicht ölen. Die Thunfischsteaks auf den Rost legen und bei mittlerer Hitze pro Seite 5 – 7 Min. grillen. Brötchen aufschneiden und auf den Schnittflächen kurz grillen.

5. Brötchenunterseiten mit der Limettenmayonnaise bestreichen und den Salat darauf verteilen, dann die heißen Thunfischsteaks darauflegen. Mit den Tomatenscheiben belegen, salzen, pfeffern und mit den Brötchendeckeln abdecken. Servieren.

Hauchdünne Schnitzelchen vom Ochsen pikant mariniert, nur Sekunden gegrillt … und dann auch schon ab in die knusprige Semmel mit Salat. Ein echt bayerischer Edelburger!

Ochsenfetzen in der Semmel

Für 4 Personen
Zubereitung: ca. 35 Min.
Anfrieren: 2 Std.
Marinieren: 6 Std. | Grillen: 1 Min.
Pro Portion: ca. 845 kcal,
45 g EW, 44 g F, 67 g KH

600 g Rindfleisch zum Kurz-
braten (am Stück; möglichst vom
Ochsen, z. B. aus der Lende)
3 Stängel Basilikum
2 Zweige Thymian
1 kleiner Zweig Rosmarin
2 – 3 Knoblauchzehen | Salz
100 ml Olivenöl | Pfeffer
2 TL edelsüßes Paprikapulver
1 Mini-Romanasalat
3 kleine Tomaten | 1 rote Zwiebel
100 g Mayonnaise
2 EL Tomatenketchup
2 – 3 TL extrascharfer Senf
2 EL Zitronensaft
2 TL Worcestersauce
4 große Brötchen (z. B. Krusti)

Außerdem:
Öl zum Bestreichen

1. Rindfleisch trocken tupfen (Bild 1) und der Länge nach in ca. 5 cm breite Stücke schneiden. In einen Gefrierbeutel geben, im Tiefkühlfach in 1 – 2 Std. leicht anfrieren lassen (Bild 2).

2. Für die Marinade die Kräuter waschen und trocken schütteln, die Blättchen abzupfen und fein hacken. Den Knoblauch schälen und grob hacken. Beides mit 1 Prise Salz in einen Mörser geben und zerreiben, bis eine glatte Paste entstanden ist. Das Olivenöl nach und nach unterrühren, mit Pfeffer und Paprika würzen.

3. Fleisch portionsweise schräg in ½ cm dicke, 5 – 7 cm große Scheibchen schneiden (Bild 3). In einer Schüssel die Ochsenfetzen mit der Marinade gut durchmischen, am besten die Marinade mit den Fingern in die Fleischscheiben einreiben. Abgedeckt mindestens 6 Std. im Kühlschrank marinieren.

4. Dann den Grill anheizen. Die Blätter vom Romanasalat ablösen, waschen, trocken schleudern und in dünne Streifen schneiden. Tomaten waschen und in dünne Spalten schneiden, dabei die Stielansätze entfernen. Die Zwiebel schälen und in feine Ringe schneiden. Für die Salatsauce die Mayonnaise mit Ketchup, Senf, Zitronensaft und Worcestersauce verrühren, mit Salz und Pfeffer abschmecken. Die Brötchen aufschneiden.

5. Grillrost (mit eng beieinanderliegenden Stäben) heiß werden lassen, ölen. Brötchenschnittflächen bei starker Hitze anrösten, Ochsenfetzen pro Seite 15 – 30 Sek. grillen. Brötchenunterseiten mit Salat, Tomaten und Zwiebeln belegen, mit Sauce beträufeln, Ochsenfetzen darauf verteilen. Die Brötchendeckel auflegen.

1 Ochsenfleisch stammt von einem kastrierten Bullen, der über 2 Jahre gemästet wurde. Dadurch ist sein Fleisch gut durchwachsen und somit ideal zum Grillen. Beim Einkauf unbedingt auf gut abgehangenes, marmoriertes Fleisch achten.

2 Die Fleischstücke gerade so lange im Tiefkühlfach lassen, bis sie zwar fest, aber nicht durchgefroren sind. So lassen sie sich viel einfacher in dünne Scheiben schneiden und müssen nicht geklopft werden. Inzwischen die Marinade zubereiten.

3 Angefrorene Fleischstücke nach und nach aus dem Tiefkühlfach holen und schräg in ½ cm dicke, 5 – 7 cm große Scheibchen schneiden. Zum Grillen am besten einen Rost mit eng beieinanderliegenden Stäben auflegen, notfalls eine Alu-Grillschale nehmen.

Große Stücke

Schweinebraten, Hähnchen, Barsch & Co. sind auf dem Rost eine echte Herausforderung – für den Grillmeister genauso wie für die Gäste, die warten. Die langen Grillzeiten fordern Geduld, also am besten frühzeitig loslegen. Oder einen Teil des Garens in die Küche verlegen, dann muss der Grill nur noch fürs Aroma sorgen.

Schweinebraten mit Malz-Essig-Sauce

Für 8 Personen
Zubereitung: ca. 45 Min.
Marinieren: 2 Std.
Grillen: 2 Std. 30 Min.
Pro Portion: ca. 590 kcal,
43 g EW, 41 g F, 10 g KH

2 kg Schweinefleisch (aus der
Schulter, ohne Knochen)
2 EL brauner Zucker
2 EL edelsüßes Paprikapulver
1 EL rosenscharfes Paprikapulver
1 TL gemahlener Koriander
Salz | Pfeffer
150 ml Rotweinessig
150 ml Rotwein
9 – 10 Blockmalz-Bonbons
(ca. 50 g, ersatzweise
Rohrzucker)
1 TL Speisestärke
2 – 3 Spritzer Tabascosauce

Außerdem:
Küchengarn
Öl zum Bestreichen
eventuell Fleischthermometer

1. Den Schweinebraten mit Küchenpapier trocken tupfen. Den Zucker mit beiden Paprikasorten, Koriander, 2 TL Salz und etwas Pfeffer vermischen. Die Würzmischung kräftig ins Fleisch einreiben. Den Braten gut in Frischhaltefolie einwickeln und im Kühlschrank 2 Std. marinieren.

2. Für die Sauce den Essig und den Wein in einen Topf gießen. Malzstücke in einen Gefrierbeutel geben und mit dem Nudelholz oder Fleischklopfer grob zerkleinern, zur Essig-Wein-Mischung geben. Alles ca. 10 Min. leise kochen lassen, bis sich der Blockmalz aufgelöst hat. Stärke mit 1 – 2 EL kaltem Wasser anrühren, zur Malzsauce geben und unter Rühren einmal aufkochen, bis die Sauce gebunden ist. Mit Tabasco, Salz und Pfeffer pikant würzen.

3. Den Grill anheizen. Das Fleisch mit Küchengarn zu einem kompakten Braten binden. Den Grillrost heiß werden lassen, leicht ölen. Den Braten auf den Rost legen und bei mittlerer bis schwacher Hitze ca. 2 ½ Std. grillen, dabei ab und zu wenden und mit etwas Malzsauce bestreichen. Der Braten ist fertig, wenn er eine Kerntemperatur von ca. 75° hat (das Thermometer in die dickste Stelle stechen) oder beim Anstechen mit einer Rouladennadel oder einem Metallspieß klarer Fleischsaft heraustropft.

4. Den Schweinebraten von dem Grill nehmen und zugedeckt noch 10 Min. ruhen lassen. Dann das Küchengarn entfernen und den Braten in dicke Scheiben schneiden. Auf Tellern anrichten und mit der restlichen Malz-Essig-Sauce beträufeln. Heiß servieren, am besten mit Kartoffelsalat (siehe S. 126).

SO SCHMECKT'S AUCH
Falls sich die Gäste verspäten und das Fleisch noch länger auf dem Grill schmurgelt, den Braten wie Pulled Pork (siehe S. 70) in kleine Stücke rupfen, in aufgebackene Brötchen füllen und mit der übrigen Malz-Essig-Sauce beträufeln.

Beer Can Chicken

Auf die Idee, ein Huhn auf eine Bierdose (engl.: beer can) zu setzen und dann zu grillen, kann nur jemand in Amerika kommen. Mittlerweile hat diese ungewöhnliche Zubereitungsweise aber auch bei uns etliche treue Anhänger gefunden.

Namen gibt es dafür so einige – Beer Can Chicken, Drunken Chicken, Beer Butt Chicken oder Bierdosen-Hähnchen – immer aber wird das Huhn nach dem Würzen mit seiner Öffnung aufrecht wie ein Teddybär auf eine **halb ausgetrunkene Bierdose** (sonst schäumt sie später bei der Hitze über) gesetzt und anschließend im großen Kugelgrill samt Deckel gegrillt.

Wer wegen der schadstoffträchtigen Lacke und Druckfarben auf den Bierdosen Bedenken hat, greift zu speziellen **Hähnchenbrätern** – bestehend aus einer Saftauffangschale, die in der Mitte eine Art Kamin besitzt, in den die zu verdampfende Flüssigkeit gefüllt wird.

Der Clou bei der Zubereitungsart: Von außen erhält das Hähnchen durch den Rub, einen Grillgewürz-Mix, sein Aroma. Von innen wird es durch den Bierdampf, der aus Dose (oder Kamin) ins Huhn steigt, gewürzt. So bleibt das Fleisch saftig und die Haut wird knusprig.

Den Kugelgrill wegen der langen Garzeit mit Grillbriketts anheizen. Briketts zum indirekten Grillen zur Seite schieben und das gewürzte Hähnchen auf der Bierdose (oder dem Hähnchenbräter) in die Mitte des Rosts stellen. Anschließend den **Deckel auflegen** und das Hähnchen 1 bis 1 ½ Std. garen. Dabei den Deckel nicht zu oft abheben, weil sonst zu viel Hitze verloren geht.

Tipp: Wenn das Wetter mal nicht mitspielt, kann das Hähnchen statt im Grill auch im Ofen zubereitet werden. Dafür den Backofen auf 180° vorheizen. Hähnchen würzen und entweder auf der Bierdose, dem mit Bier gefüllten Hähnchenbräter oder auch einer Gugelhupfform auf dem Blech unten in den Ofen schieben. Das Hähnchen gut 1 Std. garen. Falls die Haut zu dunkel wird, das Hähnchen mit Alufolie abdecken.

Bierhähnchen

Für 4 Personen
Zubereitung: ca. 30 Min.
Grillen: 1 Std. 30 Min.
Pro Portion: ca. 400 kcal,
45 g EW, 22 g F, 0 g KH

1 großes Hähnchen (ca. 1,2 kg)
1 Bund Thymian
2 TL Zwiebelpulver
1 TL edelsüßes Paprikapulver
je ½ TL Knoblauch- und
Chilipulver
¼ TL gemahlener Kreuzkümmel
Salz | Pfeffer
Saft von 1 Zitrone
200 ml helles Bier (ersatzweise
Cola)

Außerdem:
Öl zum Bestreichen
Alu-Grillschale (ohne Löcher)
Hähnchenbräter

1. Das Hähnchen innen und außen gründlich waschen und mit Küchenpapier gut trocken tupfen. Den Thymian abbrausen und trocken schütteln, Blättchen von den Zweigen zupfen. Thymian mit Zwiebel-, Paprika-, Knoblauch- und Chilipulver sowie Kreuzkümmel, Salz und Pfeffer in einem Mörser grob zerreiben. Das Hähnchen innen und außen erst mit Zitronensaft, dann mit der Gewürzmischung einreiben. Die Haut mit etwas Öl bestreichen.

2. Einen Kugelgrill mit Grillbriketts anheizen. Wenn die Briketts durchgeglüht sind, diese an die Seite schieben und die Aluschale in die Mitte des Grills stellen. Den Kamin des Hähnchenbräters außen ölen und das Bier einfüllen. Das Hähnchen so mit der Öffnung auf den Kamin stecken, dass es schön aufrecht steht.

3. Das Hähnchen in die Mitte des Rosts über die Aluschale setzen. Deckel des Grills auflegen und das Hähnchen 1 – 1 ½ Std. garen. Nach ca. 1 Std. ein paar Grillbriketts nachlegen. Dabei rasch arbeiten, damit nicht zu viel Hitze entweicht.

4. Rechtzeitig prüfen, ob das Hähnchen gar ist: Wenn beim Anstechen mit einer Rouladennadel oder einem Metallspieß hinter den Schenkeln nur klarer Saft austritt, ist das Hähnchen gar und kann serviert werden. Sonst noch etwas weitergrillen. Wichtig: Den Deckel nicht zu oft öffnen, damit es im Grillraum immer schön heiß bleibt.

Pflaumensauce

500 g blaue Pflaumen waschen, entsteinen und
mit 100 ml Wasser in einen Topf geben, langsam
aufkochen. Bei schwacher Hitze unter Rühren 20 – 30 Min. sanft kochen, bis die Pflaumen
ganz weich sind. Pflaumen durch ein Sieb streichen und wieder in den Topf geben. 75 ml Apfelessig, 4 EL Rohrzucker, je 2 EL Sojasauce und Zuckerrübensirup, 2 TL Salz und 1 TL Ingwerpulver
unterrühren. Dann in 5 – 10 Min. zu einer dick-
flüssigen Sauce einkochen (Achtung, sie dickt
noch nach!). In ein Schraubglas füllen, im Kühlschrank aufheben. Haltbarkeit: 6 Monate.

Schweinefilet chinesisch

Für 6 Personen
Zubereitung: ca. 30 Min.
Marinieren: 6 Std.
Grillen: 30 Min.
Pro Portion: ca. 230 kcal,
36 g EW, 3 g F, 11 g KH

1 Stück Ingwer (ca. 3 cm)
4 EL brauner Zucker
4 EL Reiswein (ersatzweise
halbtrockener Sherry)
2 EL dunkle Sojasauce
Salz | Pfeffer
1 kg Schweinefilet

Außerdem:
Öl zum Bestreichen

1. Für die Marinade den Ingwer schälen und sehr fein würfeln. Den Zucker in einen Topf streuen, mit ein paar Tropfen Wasser befeuchten, den Ingwer dazugeben. Erhitzen, bis der Zucker brodelt. Den Topf vom Herd nehmen, kurz abkühlen lassen und 100 ml Wasser dazugießen (Vorsicht, spritzt!). Wieder erhitzen und 5 Min. kochen, bis ein Sirup entstanden ist. Reiswein und Sojasauce unterrühren, mit Salz und Pfeffer abschmecken. Die Marinade abkühlen lassen.

2. Das Filet in eine große Schale geben, mit der Marinade übergießen und darin wenden. Dann abgedeckt 6 Std. (oder länger) im Kühlschrank marinieren, dabei einmal umdrehen.

3. Den Grill anheizen. Den Grillrost heiß werden lassen, leicht ölen. Das Schweinefilet aus der Marinade heben und abtropfen lassen (Marinade auffangen). Filet auf den Rost legen und bei mittlerer Hitze ca. 30 Min. rundherum grillen, dabei ab und zu mit der Marinade bestreichen. Das Filet in Scheiben schneiden und servieren – am besten mit Pflaumensauce (siehe S. 84).

Knusprige Schweinshaxe

Für 4 Personen
Zubereitung: ca. 30 Min.
Garen: 2 Std. 30 Min.
Grillen: 30 Min.
Pro Portion: ca. 555 kcal,
43 g EW, 40 g F, 3 g KH

1 ½ kg Schweinshaxe (Hinter-
haxe, Schinkeneisbein)
2 Zwiebeln
5 Knoblauchzehen
2 Lorbeerblätter
1 TL Wacholderbeeren
½ TL Kümmelsamen | 1 Nelke
Salz | grober Pfeffer
Öl und helles Bier zum
Bestreichen

1. Die Schweinshaxe waschen, um eventuelle Knochensplitter zu entfernen, dann in einem Topf mit Wasser bedecken. Zwiebeln und Knoblauch schälen und halbieren, mit den Gewürzen und 2 – 3 TL Salz in den Topf geben. Alles langsam aufkochen und zugedeckt bei schwacher Hitze 2 ½ Std. ziehen lassen.

2. Den Grill anheizen. Die Haxe aus der Brühe heben und abtropfen lassen. Die Schwarte mit einem scharfen Messer rautenförmig einschneiden.

3. Den Grillrost heiß werden lassen. Die Schweinshaxe auf den Rost legen und bei mittlerer Hitze in ca. 30 Min. rundherum knusprig grillen, dabei abwechselnd mit Öl und Bier bestreichen.

4. Wenn die Schwarte der Haxe schön gebräunt ist und leise vor sich hin knistert, ist die Haxe fertig. Schweinshaxe aufschneiden und servieren. Dazu Salz und groben Pfeffer zum Nachwürzen mit auf den Tisch stellen. Außerdem passt mittelscharfer Senf, Roggenbrötchen oder dunkles Bauernbrot.

Kanarisches Hähnchen

Für 4 Personen
Zubereitung: ca. 30 Min.
Marinieren: 8 Std.
Grillen: 1 Std. 45 Min.
Pro Portion: ca. 580 kcal,
57 g EW, 37 g F, 4 g KH

1 großes Hähnchen (ca. 1 ½ kg)
5 Knoblauchzehen
2 rote Chilischoten
4 EL Olivenöl
½ TL gemahlener Kreuzkümmel
Salz | Pfeffer | 6 EL Zitronensaft
5 EL Orangensaft

Außerdem:
Alu-Grillschale (ohne Löcher)
Küchengarn
Grillspieß mit Bratenklammern
eventuell Fleischthermometer

1. Hähnchen waschen, trocken tupfen. Knoblauch schälen, die Chilis entkernen und waschen, beides grob schneiden. Mit Öl, Kreuzkümmel, Salz, Pfeffer, 4 EL Zitronensaft und dem Orangensaft im Mixer pürieren. Von der Marinade 3 EL abnehmen und beiseitestellen, mit dem Rest das Hähnchen innen und außen einreiben, abgedeckt im Kühlschrank 6 – 8 Std. marinieren.

2. Den Grill mit Grillbriketts anheizen. Die Briketts an die Seite schieben und in die Mitte die Aluschale mit etwas Wasser stellen. (Noch besser: statt einem herkömmlichen Grill einen Senkrecht-grill mit passendem Drehspieß verwenden.)

3. Die beiseitegestellte Marinade mit dem restlichem Zitronen-saft verrühren. Das Hähnchen mit Küchengarn so binden, dass die Flügel und Schenkel nicht abstehen, dann auf den Spieß stecken und an den Enden gut festklammern.

4. Hähnchen auf den Rost legen und in ca. 1 ½ Std. schön braun grillen, dabei ab und zu wenden und alle 15 Min. mit Marinade bestreichen. Jetzt eventuell mit dem Fleischthermometer die Kerntemperatur prüfen, sie soll 80° haben. Dann den Rost höher hängen und das Hähnchen bei geringerer Hitze noch 15 Min. ziehen lassen. Perfekt dazu: Weißkohl-Mais-Relish (siehe S. 140).

Aschenbraten

Für 4 – 6 Personen
Zubereitung: ca. 25 Min.
Grillen: 2 Std.
Pro Portion (bei 6): ca. 460 kcal,
32 g EW, 35 g F, 4 g KH

2 Knoblauchzehen
Salz | Pfeffer
1 – 2 TL rosenscharfes
Paprikapulver
1 kg Schweinefleisch (aus der
Schulter, ohne Knochen und
Schwarte)
2 große Gemüsezwiebeln
2 EL weiche Butter
100 g Frühstücksspeck (Bacon)

Außerdem:
extrastarke Alufolie

1. Den Knoblauch schälen und durchpressen, mit Salz, Pfeffer und Paprikapulver vermischen. Das Fleisch damit rundherum einreiben. Zwiebeln schälen und in dünne Ringe schneiden.

2. Ein großes Stück Alufolie mit der Butter bestreichen. Die Hälfte der Speckscheiben und Zwiebelringe darauf auslegen. Die Schweineschulter daraufsetzen und mit übrigen Zwiebelringen und Speckscheiben belegen. Die Alufolie dicht verschließen.

3. Den Grill mit Grillbriketts anheizen. Dann erst anderes Grillgut auf dem Grill rösten, bis die Briketts dick mit einer Aschenschicht bedeckt sind. Briketts an den Rand schieben.

4. Braten in die Mitte des Grills legen und gut mit den Briketts bedecken. Aufpassen, dass noch rotglühende Briketts nicht zu dicht am Braten liegen. Das Fleisch ca. 2 Std. grillen, dabei das Paket einmal wenden und wieder mit Briketts bedecken. Nach Belieben Deckel auflegen. Bei Bedarf noch Briketts nachlegen.

5. Wenn nach den 2 Std. Grillzeit nur noch Asche übrig ist, diese beiseiteschieben. Den Aschenbraten aus dem Grill heben, auspacken, in Scheiben schneiden und servieren. Dazu passt ein bunter Salat mit Pfirsichen (siehe S. 131).

Hochrippe mit Schalottenbutter

Für 4 Personen
Zubereitung: ca. 35 Min.
Marinieren: 6 Std.
Grillen: 32 Min.
Pro Portion: ca. 640 kcal,
53 g EW, 44 g F, 3 g KH

Für die Hochrippe:
1 Scheibe Hochrippe vom Rind
(1,3 kg, gut abgehangen, mit
Knochen, ca. 6 cm dick)
1 TL getrocknete Kräuter
(z. B. Rosmarin, Thymian und
Estragon)
1 Lorbeerblatt
1 TL schwarze Pfefferkörner
1 Msp. Chilipulver
1 Knoblauchzehe
1 EL Olivenöl
Salz

Für die Schalottenbutter:
4 Schalotten
1 Knoblauchzehe
100 g Butter
100 ml Weißwein
Salz | Pfeffer

Außerdem:
Öl zum Bestreichen
eventuell Fleischthermometer

1. Die Hochrippenscheibe waschen, um eventuelle Knochensplitter zu entfernen, und mit Küchenpapier trocken tupfen. Den Fettrand im Abstand von ca. 2 cm mit einem scharfen Messer einschneiden, dabei keinesfalls ins Fleisch schneiden.

2. Getrocknete Kräuter in einen Mörser geben, das Lorbeerblatt dazubröseln, dabei die Mittelader entfernen. Pfefferkörner und Chilipulver dazugeben und alles fein zerreiben. Knoblauchzehe schälen und dazupressen. Alles mit Olivenöl verrühren und das Fleisch damit rundherum einreiben. In einen Gefrierbeutel stecken, verschließen und im Kühlschrank 6 Std. marinieren.

3. Für die Schalottenbutter Schalotten und Knoblauch schälen. In einem kleinen Topf 2 EL Butter schmelzen. Darin Schalotten und Knoblauch bei schwacher Hitze in 10 Min. langsam goldgelb dünsten. Wein aufgießen und in ca. 10 Min. um die Hälfte einkochen lassen. Übrige Butter in kleinen Stücken unter die Sauce rühren, mit Salz und Pfeffer würzen. Die Sauce abkühlen lassen.

4. Die Rippe gut 30 Min. vor dem Grillen aus dem Kühlschrank nehmen. Grill anheizen. Grillrost sehr heiß werden lassen, ölen. Fleisch auf den Rost legen und bei starker Hitze pro Seite 1 Min. angrillen. Dann Rost höher hängen und das Fleisch bei mittlerer Hitze (es darf nur leise brutzeln) pro Seite in 10 Min. blutig oder in 15 Min. medium grillen. Eventuell mit dem Thermometer die Kerntemperatur messen: ca. 60° für blutig, ca. 70° für medium.

5. Die Hochrippe salzen. Den Rost hoch über die Glut hängen und das Fleisch noch 5 – 10 Min. nachziehen lassen. Dann die Hochrippe aufschneiden und mit der Schalottenbutter servieren.

SO SCHMECKT'S AUCH
Wenn die Hochrippenscheibe nur auf Vorbestellung erhältlich ist, dann stattdessen einfach 2 T-Bone-Steaks (gut 3 cm dick und je 600 g schwer) nehmen. Diese müssen nach dem Angrillen pro Seite in nur 5 – 10 Min. (blutig bis medium) fertig gegart werden.

Kaninchen mit Knoblauch

Für 4 Personen
Zubereitung: ca. 30 Min.
Marinieren: 8 Std.
Grillen: 45 Min.
Pro Portion: ca. 470 kcal,
52 g EW, 26 g F, 2 g KH

1 Kaninchen (ca. 1,2 kg,
möglichst aus Bodenhaltung)
½ Bund Petersilie
3 Stängel Majoran
5 Wacholderbeeren
3 EL Olivenöl
5 Knoblauchzehen
2 EL Pastis (Anislikör)
Salz | Pfeffer

Außerdem:
Öl zum Bestreichen

1. Kaninchen waschen und trocken tupfen. Für die Marinade die Kräuter abbrausen und trocken schütteln, die Blättchen abzupfen und fein hacken. Wacholderbeeren zerdrücken und mit Kräutern und Olivenöl verrühren. Den Knoblauch schälen, in nicht zu dünne Scheiben schneiden und in das Kräuteröl legen.

2. Kaninchenrücken und -schenkel mit einem spitzen Messer mehrmals schräg einstechen und mit je 1 Knoblauchscheibe spicken. Marinade mit Pastis, Salz und Pfeffer verrühren. Damit das Kaninchen innen und außen einstreichen, in Frischhaltefolie wickeln, 6 – 8 Std. im Kühlschrank marinieren.

3. Den Grill anheizen. Den Grillrost heiß werden lassen, leicht ölen. Von dem Kaninchen die Marinade abtropfen lassen und auffangen. Das Kaninchen auf den Rost legen und bei starker Hitze 5 Min. rundherum angrillen. Dann Rost höher hängen und das Kaninchen bei mittlerer Hitze in 30 – 40 Min. braun rösten, dabei ab und zu wenden und mit Marinade und Öl bestreichen.

4. Garprobe: mit dem spitzen Messer in einen Schenkel stechen. Wenn er sich leicht durchbohren lässt, das Fleisch zwei Handbreit über der Glut noch kurz nachziehen lassen, dann in Stücke teilen und servieren.

Lammschulter mit Rosmarin

Für 4 Personen
Zubereitung: ca. 30 Min.
Marinieren: 6 Std.
Grillen: 1 Std. 5 Min.
Pro Portion: ca. 545 kcal,
57 g EW, 34 g F, 1 g KH

1 Lammschulter (ca. 1 ½ kg,
mit Knochen)
4 Zweige Rosmarin
2 Knoblauchzehen
4 EL Olivenöl
½ TL Cayennepfeffer
Salz | Pfeffer

Außerdem:
Küchengarn
Öl zum Bestreichen

1. Lammschulter enthäuten. Den runden Teil der Schulter im Abstand von 5 cm gut 2 cm tief einschneiden. Für die Marinade Rosmarin abbrausen, trocken schütteln und die Spitzen (je 3 cm) fein schneiden. Knoblauch schälen, durchpressen. Mit Olivenöl, geschnittenem Rosmarin, Cayennepfeffer, Salz, Pfeffer verrühren.

2. Das Lammfleisch mit der Marinade rundherum und in den Einschnitten einreiben, in einen Gefrierbeutel stecken und im Kühlschrank ca. 6 Std. marinieren.

3. Den Grill anheizen. Die Lammschulter abtropfen lassen, die Marinade auffangen. Die übrigen Rosmarinzweige mit Küchengarn zu einem Pinsel binden und in das Marinieröl stellen.

4. Grillrost heiß werden lassen, leicht ölen. Lammschulter mit den Einschnitten nach unten auf den Rost legen und bei starker Hitze pro Seite ca. 7 Min. angrillen. Dann Rost höher hängen und das Fleisch bei mittlerer bis schwacher Hitze in 35 – 40 Min. gar grillen, dabei ab und zu wenden und mit dem Rosmarinpinsel die Marinade aufstreichen. Nun den Rost noch höher hängen und die Schulter bei schwacher Hitze 10 Min. nachziehen lassen. Das Fleisch schräg in dünnen Scheiben vom Knochen schneiden und servieren. Wunderbare Beilage: Nizza-Salat (siehe S. 135).

Erdgruben-Grillen

Rund um die Welt hat sich eine Garmethode erhalten, die aus der Urzeit der Menschheit stammt: das Rösten in einem heißen Erdloch, in das Fleisch, Fische, Meeresfrüchte und Gemüse versenkt werden. Einfach, aber mit Aha-Effekt!

Am populärsten ist wohl das mehrtägige **Luau-Grillfest** auf Hawaii, bei dem in einer riesigen Grube ein ganzes Schwein stundenlang gegart wird. Ursprünglich ist ein Luau ein Festmahl für Würdenträger oder bei Hochzeiten, heute wird das Fest vor allem für Touristen zelebriert. Zur Einstimmung gibt's Vorspeisen wie Lomi Lomi, einen Salat aus roh mariniertem Lachs.

Eine echte Spezialität Sardiniens ist das im Erdloch gegarte Wildschwein **Cinghiale a carraxu.** Hierbei werden große Bündel von Kräutern, wie etwa Lorbeer, Myrte, Rosmarin und Thymian, unter und auf das Fleisch gelegt, die diesem ein einzigartiges Aroma verleihen.

Das Nationalgericht Perus **Pachamanca** bereitet man ebenfalls in einem »Erdtopf« (so die Übersetzung des Namens) zu. Vor allem Fleisch wie Spanferkel, Huhn und Zicklein, aber auch diverse Gemüse und Kartoffeln werden in Maisblätter gewickelt und in der Grube gegart.

Eine recht ähnliche Grillmethode ist bei vielen Nomadenvölkern sehr beliebt: Ein frisch erlegtes, ausgenommenes Tier wird gewürzt und in einen **feuchten Lehmmantel** gehüllt. Das Ganze kommt dann in die Glut eines Holzfeuers. Wenn das Feuer niedergebrannt und der Lehm steinhart geworden ist, wird der Mantel aufgeschlagen und der Braten verzehrt.

Wer keine Lust oder Möglichkeit hat, eine Erdgrube auszuheben oder ein großes Holzfeuer anzufachen, greift einfach auf eine weniger rustikale Fortsetzung dieser Grillmethoden zurück: auf das Garen von Fisch, Fleisch, Gemüse & Co. in einem **Tontopf** (etwa einer marokkanischen Tajine oder in einem Römertopf) oder unter einer dicken **Salzkruste** im Ofen: Auch hier erhält das Gargut einen speziellen Geschmack.

Luau-Schweinefleisch

Für 8 Personen
Zubereitung: ca. 30 Min.
Grillen: 5 Std.
Pro Portion: ca. 580 kcal,
43 g EW, 45 g F, 1 g KH

2 kg Schweinefleisch
(aus der Schulter, ohne
Schwarte und Knochen)
Salz | Pfeffer
5 Knoblauchzehen
2 Zwiebeln
3 EL Kokosöl

Außerdem:
Backpapier
extrastarke Alufolie

1. Das Schweinefleisch rundherum mit Salz und Pfeffer kräftig einreiben. Knoblauch schälen und in dicke Stifte schneiden. Das Schweinefleisch mit einem langen, spitzen Messer mehrmals einstechen und mit den Knoblauchstiften spicken. Die Zwiebeln schälen und in dünne Ringe schneiden.

2. Ein großes Stück Backpapier mit etwas Kokosöl bestreichen und ein Drittel der Zwiebelringe darauf auslegen. Den Schweinebraten darauflegen und mit den übrigen Zwiebelringen belegen, mit dem restlichen Kokosöl beträufeln. Den Braten fest in das Backpapier, dann noch in Alufolie wickeln und gut verschließen. Im Kühlschrank bis zum Garen ruhen lassen.

3. Im Garten eine ca. 50 cm tiefe und 50 cm breite Grube ausheben und mit faustgroßen Steinen auslegen. Reichlich Brennholz in die Grube schichten, anzünden. Wenn das Holz abgebrannt und die Grube sehr heiß ist, die Steine zur Seite schieben. Das eingewickelte Schweinefleisch in die Grube legen und mit Blättern (Kohlblätter, Haselnuss- oder Walnussblätter) oder feuchten Tüchern belegen, mit Erde von dem Aushub bedecken.

4. Das Luau-Fleisch mindestens 3 Std., besser 5 Std. in der Erdgrube garen. Dann das Paket ausgraben, ohne die Folie zu beschädigen, auspacken und servieren. Am besten mit der Teufelssauce von S. 104 oder der Chili-Salsa von S. 44.

Wolfsbarsch mit Walnusssauce

Für 4 Personen
Zubereitung: ca. 30 Min.
Marinieren: 1 Std.
Grillen: 40 Min.

Pro Portion: ca. 410 kcal,
34 g EW, 26 g F, 8 g KH

Für den Fisch:
1 Wolfsbarsch (Loup de mer,
ca. 1,2 kg, geschuppt und
ausgenommen)
grobes Meersalz
5 Knoblauchzehen
1 Bund Koriandergrün
grober Pfeffer
2 EL Semmelbrösel
2 EL Olivenöl
einige Zitronenachtel zum
Beträufeln

Für die Sauce:
65 g Walnusskerne
6 EL Zitronensaft
grobes Meersalz
1 Prise Cayennepfeffer
2 EL Olivenöl

Außerdem:
Fischgriller
Öl zum Bestreichen

1. Den Wolfsbarsch waschen und trocken tupfen. Den Schwanz und die Flossen auf dem Rücken und auf den Seiten abschneiden. Den Fisch rundherum mit etwas grobem Meersalz abreiben und nochmals waschen. Trocken tupfen und auf beiden Seiten im Abstand von 5 cm schräg bis auf die Gräten einschneiden.

2. Für die Marinade Knoblauch schälen und klein schneiden. Das Koriandergrün abbrausen und trocken schütteln, Blättchen abzupfen (die Stängel nicht wegschmeißen). Beides im Mörser mit 1 guten Prise Meersalz zerstampfen, mit Pfeffer würzen.

3. Die Korianderstängel in die Bauchhöhle des Fisches füllen. Den Fisch außen und innen mit der Marinade einreiben, mit Folie abdecken und ca. 1 Std. im Kühlschrank marinieren.

4. Für die Sauce die Walnüsse grob zerkleinern. Mit Zitronensaft, etwas Meersalz, Cayennepfeffer und Olivenöl im Blitzhacker oder mit dem Pürierstab zu einer glatten Sauce mixen.

5. Den Grill anheizen. Den Fischgriller innen gut ölen. Die Bauchhöhle des Fisches mit den Semmelbröseln ausstreuen und die Fischhaut mit etwas Olivenöl bestreichen. Den Wolfsbarsch in den Fischgriller klemmen.

6. Wolfsbarsch auf den Rost legen und bei mittlerer bis starker Hitze pro Seite 7 – 10 Min. grillen, dabei ab und zu mit Olivenöl bestreichen. Beim Wenden stets über die Rückenseite umdrehen, sonst tropft Fischsud aus der Bauchhöhle auf die Kohlen. Dann Rost höher hängen und den Fisch bei etwas schwächerer Hitze noch weitere 10 Min. pro Seite grillen, bis sich das Fleisch leicht von den Gräten lösen lässt. Fisch enthäuten, portionieren und mit der Sauce und den Zitronenachteln zum Beträufeln servieren.

TAUSCHTIPP
Nach dieser Methode kann auch jeder andere große Fisch gegrillt werden – vom Lachs über Lachsforelle bis zum Karpfen.

Vegetarisches

Vorbei sind die Zeiten, wo nur Würstchen und Fleisch auf den Grill kamen. Jetzt gibt es nicht nur Gemüse mit Röstaroma, sondern auch Tofu, Quesadillas, Halloumi und vieles Vegetarisches mehr. Und siehe da, auf einmal sind auch Fleischliebhaber echte Veggie-Grill-Fans.

Grillgemüse mit Zitronenöl

Für 4 Personen
Zubereitung: ca. 45 Min.
Grillen: 20 Min.
Pro Portion: ca. 230 kcal,
4 g EW, 20 g F, 8 g KH

Für das Gemüse:
2 kleine Auberginen
4 kleine Zucchini
1 große Knolle Fenchel
Salz

Für das Zitronenöl:
2 Bio-Zitronen
je ¼ TL Koriander-, Kardamom-
und Pimentkörner
1 Prise Salz | Pfeffer
75 ml Olivenöl
1 Stängel Minze

Außerdem:
Öl zum Bestreichen

1. Das Gemüse waschen und putzen. Auberginen so schälen, dass immer ein Streifen Schale zurück bleibt, und in fingerdicke Scheiben schneiden. Die Zucchini der Länge nach halbieren. Von der Fenchelknolle die Stiele abschneiden. Die Knolle so durch den Strunk in ½ cm dicke Scheiben schneiden, dass diese nicht auseinanderfallen. Anschließend das Gemüse mit etwas Salz einreiben und auf Küchenpapier ausbreiten.

2. Für das Zitronenöl die Zitronen heiß waschen, abtrocknen und mit einem Zestenreißer ca. 1 TL feine Schalenstreifen abziehen oder mit einer Gemüsereibe die gleich Menge Schale fein abreiben. Die Zitronen auspressen. Gewürzkörner im Mörser mit Salz und Pfeffer zerreiben, dann mit Olivenöl, Zitronensaft und -schale verrühren. Minze abbrausen und trocken schütteln, die Blättchen abzupfen, grob schneiden und unters Zitronenöl mischen. Alles mit dem Pürierstab cremig mixen.

3. Den Grill anheizen. Gemüse mit Küchenpapier gut trocken tupfen, vorher eventuell waschen, um das überschüssige Salz zu entfernen. Das Gemüse mit etwas Zitronenöl bestreichen.

4. Den Grillrost heiß werden lassen, leicht ölen. Das Gemüse auf den Rost legen und bei starker Hitze pro Seite 7 – 10 Min. grillen, bis es schön gebräunt ist. Grillgemüse anrichten und mit der restlichen Zitronensauce beträufeln.

DEKOTIPP
Wenn im Garten oder auf dem Balkon gerade Kapuzinerkresse gedeiht, kann man das Grillgemüse mit Kresseblättchen und -blüten garnieren. Das sieht nicht nur toll aus, es gibt dem Gemüse zudem eine pfeffrig-pikante Note.

Kürbisspalten mit Knusperkernen

Für 4 Personen
Zubereitung: ca. 30 Min.
Grillen: 10 Min.
Pro Portion: ca. 140 kcal,
2 g EW, 12 g F, 6 g KH

1 kleiner Kürbis (Hokkaido
oder Butternut)
Salz | Pfeffer
¼ Prise Chilipulver
2 EL Olivenöl
2 EL Kürbiskerne
je 3 Stängel Petersilie,
Rosmarin und Oregano
2 EL Kürbiskernöl

Außerdem:
Öl zum Bestreichen

1. Den Kürbis waschen und halbieren. Den Stielansatz sowie die Kerne samt dem faserigen Fruchtfleisch entfernen. Den Kürbis in 2 cm dicke Spalten schneiden und schälen (beim Hokkaido kann zwar die Schale mitgegessen werden, sie bleibt aber beim Grillen recht hart). Die Kürbisspalten mit Salz, Pfeffer und Chilipulver würzen, dann mit Olivenöl einstreichen.

2. Den Grill anheizen. Die Kürbiskerne in einer kleinen Pfanne ohne Fett leicht anrösten, bis sie nussig duften. Abkühlen lassen. Kräuter abbrausen und trocken schütteln, Blättchen fein hacken.

3. Den Grillrost heiß werden lassen, leicht ölen. Kürbisspalten auf den Rost legen und bei mittlerer Hitze 8 – 10 Min. grillen, dabei einmal wenden. Wenn der Kürbis weich ist, auf einer Platte anrichten, mit Kräutern und Kürbiskernen bestreuen und mit dem Kürbiskernöl beträufeln.

SO SCHMECKT'S AUCH

Die gehackten Kräuter mit 3 Knoblauchzehen und 3 EL Olivenöl cremig pürieren. Damit die Kürbisspalten einstreichen und vor dem Grillen 30 Min. (gerne auch länger) marinieren.

Gegrillte Süßkartoffeln

Für 4 Personen
Zubereitung: ca. 30 Min.
Marinieren: 30 Min.
Grillen: 14 Min.
Pro Portion: ca. 255 kcal,
3 g EW, 11 g F, 37 g KH

1 TL Korianderkörner
1 getrocknete Chilischote
je 1 TL getrockneter Thymian
und Estragon
2 Knoblauchzehen
Salz | Pfeffer
4 EL Olivenöl
750 g Süßkartoffeln

Außerdem:
Öl zum Bestreichen

1. Für die Marinade die Korianderkörner mit der Chilischote im Mörser fein zerstoßen. Thymian und Estragon dazugeben und alles nochmals kurz verreiben. Den Knoblauch schälen und dazupressen, mit Salz und Pfeffer würzen. Das Olivenöl unterrühren.

2. Die Süßkartoffeln waschen, schälen und in ca. 2 cm dicke Scheiben schneiden. Mit etwas Gewürzmarinade bestreichen und abgedeckt für ca. 30 Min. marinieren.

3. Den Grill anheizen. Den Grillrost heiß werden lassen, leicht ölen. Süßkartoffelscheiben auf den Rost legen und bei mittlerer Hitze pro Seite ca. 7 Min. grillen. (Vorsicht, die Hitze darf nicht zu stark sein, sonst bräunen die Scheiben zu schnell und bleiben innen noch roh.) Die Scheiben vom Grill nehmen, mit der restlichen Marinade bestreichen und servieren.

SO SCHMECKT'S AUCH
Möglichst kleine, kartoffelgroße Süßkartoffeln schälen, salzen, mit zerlassener Butter bestreichen, in Alufolie wickeln. In der Glut ca. 30 Min. backen. Mit Rahmdip (siehe S. 118) servieren.

Teufelssauce

2 Schalotten schälen, in feine Würfel schneiden.
2 EL Butter schmelzen und darin die Schalotten-
würfel bei mittlerer Hitze hellbraun anbraten.
2 EL Cognac (ersatzweise Apfelsaft) dazugießen
und fast einkochen lassen. 2 TL Tomatenmark
einrühren und andünsten, dann 200 ml Gemüsebrühe aufgießen und bei geringer Hitze 5 Min.
leise köcheln lassen. Sauce mit 3 EL Worcestersauce, Salz, Pfeffer und Cayennepfeffer scharf abschmecken. Mit dem Pürierstab glatt mixen und
in ein Schraubglas füllen. Abkühlen lassen, kalt
stellen. Haltbarkeit: gut 1 Woche.

Champignon-Paprika-Spieße

Für 4 Personen
Zubereitung: ca. 30 Min.
Grillen: 20 Min.
Pro Portion: ca. 135 kcal,
11 g EW, 8 g F, 4 g KH

500 g gleich große Champignons
(mit leicht geöffneten Hüten)
1 EL Zitronensaft
je 1 rote und grüne
Paprikaschote
100 g Schnittkäse (am Stück,
z. B. Bergkäse, Butterkäse)
Salz | Pfeffer

Außerdem:
8 lange Holzspieße
Öl zum Bestreichen

1. Die Holzspieße in warmes Wasser legen. Pilze mit feuchtem Küchenpapier abreiben und die Stiele ausbrechen (z. B. für eine Gemüsebrühe verwenden). Die Hüte innen und außen mit dem Zitronensaft beträufeln. Die Paprikaschoten putzen, waschen und in Quadrate (etwa so groß wie die Pilze) schneiden. Den Schnittkäse in 1 ½ cm große Würfel schneiden.

2. Die Holzspieße trocknen und ölen. Jeweils 1 Champignon mit 1 Käsewürfel füllen, den Käse mit einem Paprikaschotenstück bedecken und auf 1 Spieß stecken. So fortfahren, bis alles aufgebraucht ist. Die Spieße mit Salz und Pfeffer würzen.

3. Den Grill anheizen. Den Grillrost heiß werden lassen, leicht ölen. Champignon-Paprika-Spieße ebenfalls mit Öl bestreichen, auf den Rost legen und bei mittlerer Hitze ca. 20 Min. grillen, bis die Pilze leicht bräunen, dabei die Spieße ab und zu wenden und mit Öl bestreichen. Die fertigen Spieße vom Grill nehmen, mit etwas Teufelssauce (siehe linke Seite) bestreichen und servieren, die restliche Sauce extra dazu reichen.

Auberginen und Pilze mit Sesam

Für 4 Personen
Zubereitung: ca. 35 Min.
Grillen: 10 Min.
Pro Portion: ca. 295 kcal,
5 g EW, 25 g F, 12 g KH

2 längliche Auberginen
(je 250 g) | Salz
500 g Austernpilze
2 EL Sesamsamen
4 EL Olivenöl
2 Knoblauchzehen | Pfeffer
2 EL Honig | ½ TL Chilipulver

Außerdem:
feuerfester Mini-Topf
Öl zum Bestreichen

1. Auberginen waschen, putzen und längs in 1 – 1 ½ cm dicke Scheiben schneiden. Mit etwas Salz einreiben, bis zum Grillen ziehen lassen. Die Austernpilze putzen und harte Stielansätze abschneiden. Die Pilze auf der Arbeitsfläche auslegen, ein Brett darauflegen und die Pilze flach pressen.

2. Den Sesam in einer kleinen Pfanne ohne Fett leicht anrösten, abkühlen lassen. Olivenöl in eine kleine Schüssel geben, Knoblauch schälen und dazupressen. Mit Salz und Pfeffer würzen. Den Honig in den Mini-Topf geben, mit dem Chilipulver verrühren.

3. Grill anheizen. Auberginenscheiben abbrausen und trocken tupfen. Auberginen und Pilze mit dem Knoblauchöl bestreichen.

4. Den Grillrost heiß werden lassen, leicht ölen. Auberginen und Pilze auf den Rost legen und bei mittlerer Hitze auf jeder Seite ca. 5 Min. grillen. Kurz bevor das Gemüse gar ist, den Honig am Rand des Rosts erwärmen, Auberginen und Pilze damit bestreichen. Anrichten und mit dem Sesam bestreuen.

Italienisches Grillgemüse

Für 4 Personen
Zubereitung: ca. 35 Min.
Ruhen: 20 Min.
Grillen: 20 Min.
Pro Portion: ca. 300 kcal,
5 g EW, 24 g F, 14 g KH

4 kleine Köpfe Radicchio
di Treviso (mit länglichen
Blättern, je ca. 85 g)
Salz | Pfeffer
8 – 9 EL Olivenöl
4 kleine Zucchini
je 2 rote und gelbe
Paprikaschoten
4 dicke Frühlingszwiebeln
2 TL getrockneter Oregano
4 EL Zitronensaft
2 EL Balsamico bianco

Außerdem:
Öl zum Bestreichen

1. Radicchio putzen (Strunk nicht zu weit oben abschneiden, damit die Blätter später zusammenhalten), waschen und abtropfen lassen. Die Köpfe längs halbieren und in eine flache Schale legen. Mit Salz und Pfeffer bestreuen und mit 3 – 4 EL Olivenöl beträufeln. Die Radicchiohälften wenden, bis sie möglichst gleichmäßig mit Öl überzogen sind.

2. Die Zucchini waschen und sehr schräg in 1–1 ½ cm dicke Scheiben schneiden. Paprikaschoten halbieren, Samen und helle Trennwände entfernen, die Schotenhälften waschen und längs dritteln. Die Frühlingszwiebeln waschen, putzen und die dunkelgrünen Teile abschneiden (z. B. für Salat verwenden).

3. Zucchinischeiben, Paprikastreifen und Frühlingszwiebeln ebenfalls in eine flache Schale geben und salzen. Das Gemüse 20 Min. Saft ziehen lassen, Radicchio in der Zeit marinieren. Übriges Olivenöl mit Oregano und Pfeffer verrühren.

4. Den Radicchio noch einmal in der Schale wenden, dann überschüssiges Öl zum Kräuteröl tropfen lassen. Die Zucchini, die Paprikaschoten und Frühlingszwiebeln mit Küchenpapier trocken tupfen, mit 2 – 3 EL Kräuteröl in eine Schüssel geben und gut durchmischen, bis das Gemüse mit Kräuteröl überzogen ist.

5. Den Grill anheizen. Den Grillrost heiß werden lassen, ölen. Zucchini, Paprika und Zwiebeln auf den Rost legen und bei mittlerer Hitze ca. 20 Min. grillen, dabei ab und zu wenden. Die Radicchiohälften ebenfalls auf den Rost legen und rundherum in ca. 15 Min. dunkelbraun und knusprig grillen. Dabei Gemüse und Radicchio ab und zu mit Kräuteröl bestreichen.

6. Das Gemüse und den Radicchio auf einer Platte anrichten und nach Belieben mit restlichem Kräuteröl beträufeln. Zucchini, Paprika und Zwiebeln mit Zitronensaft und den Radicchio mit dem Balsamico beträufeln. Nach Belieben noch mit Salz und Pfeffer nachwürzen. Heiß oder lauwarm servieren.

Die Kartoffeln, die wie Pilze »geformt« werden, sind echte Hingucker, dabei aber ganz einfach zu machen. Kombiniert werden sie auf Spießen mit echten Pilzen, roten Paprikaschoten und Gemüsezwiebeln.

Kartoffelpilze mit Paprika und Champignons

Für 4 Personen
Zubereitung: ca. 45 Min.
Grillen: 25 Min.
Pro Portion: ca. 285 kcal,
6 g EW, 16 g F, 27 g KH

500 g kleine, längliche, festkochende Kartoffeln
Salz
250 g Champignons
2 rote Paprikaschoten
1 große Gemüsezwiebel
2 Knoblauchzehen
6 EL Olivenöl
1 Lorbeerblatt
½ TL getrockneter Majoran
¼ TL getrockneter Thymian
1 Prise Cayennepfeffer
Pfeffer
2 Bio-Limetten

Außerdem:
8 flache, lange Metallspieße
Kerngehäuseausstecher
Öl zum Bestreichen

1. Die Kartoffeln waschen und gründlich bürsten. Kartoffeln vorsichtig mit einem Metallspieß in der Mitte der Länge nach durchstechen (Bild 1), dann in Salzwasser in 10 – 12 Min. sehr bissfest vorkochen. Abgießen, ausdampfen und abkühlen lassen.

2. Die Champignons mit feuchtem Küchenpapier abreiben, die Stielenden abschneiden. Die Paprikaschoten putzen, waschen und in pilzgroße Quadrate schneiden. Die Zwiebel schälen, horizontal halbieren und die Hälften nochmals vierteln.

3. Knoblauch schälen und zum Olivenöl pressen. Lorbeerblatt mit 1 guten Prise Salz, Majoran und Thymian in einem Mörser zerreiben, mit Cayennepfeffer und Pfeffer unters Öl rühren.

4. Für die »Kartoffelpilze« die Kartoffeln quer halbieren. Kern-gehäuseausstecher 3 cm tief in die Mitte jeder Kartoffelschnitt-fläche bohren, dann rundherum das Kartoffelfleisch keilförmig einschneiden. Zuerst vorsichtig den entstandenen »Ring« ab-heben, anschließend den Ausstecher abziehen (Bild 2).

5. Den Grill anheizen. Die Metallspieße ölen und abwechselnd Kartoffelpilze, Paprikastücke, Champignons und Zwiebelviertel aufstecken. Das Gemüse mit etwas Knoblauchöl bestreichen und die Limetten halbieren.

6. Den Grillrost heiß werden lassen, leicht ölen. Die Spieße auf den Rost legen und bei mittlerer Hitze rundherum ca. 25 Min. grillen, dabei öfter mit Knoblauchöl bestreichen. Die Limetten auf den Schnittflächen in ca. 10 Min. braun grillen (Bild 3). Die heißen Spieße mit den Limettenhälften zum Beträufeln servieren.

1 Die Kartoffeln mit einem Metall-spieß in der Mitte der Länge nach durchbohren, damit sie später nicht aufplatzen. Dann in Salzwasser nur kurz vorkochen, sie müssen noch sehr bissfest sein und sollen erst auf dem Grill fertig garen.

2 Für einen »Pilzstiel« den Kerngehäuse-ausstecher in die Mitte der Kartoffelschnitt-fläche bohren. Für einen »Pilzhut« das Kar-toffelfleisch vom Rand zum Ausstecher hin mit einem kleinen spitzen Messer keilförmig einschneiden, »Ausschnitt« abheben. Zum Schluss vorsichtig den Ausstecher abziehen.

3 Die auf den Schnittflächen dunkel gebräunten Limettenhälften geben beim Auspressen den Spießen ein ein-zigartiges Aroma, das auch bestens zu anderem gegrillten Gemüse passt.

Welcome

Maiskolben in Rum-Marinade

Für 4 Personen
Zubereitung: ca. 10 Min.
Kochen: 20 Min.
Marinieren: 6 Std.
Grillen: 15 Min.
Pro Portion: ca. 290 kcal,
5 g EW, 12 g F, 27 g KH

4 frische Zuckermaiskolben
Salz
4 EL brauner Rum
2 EL Ahornsirup
4 EL Olivenöl
Pfeffer

Außerdem:
Öl zum Bestreichen

1. Die Maiskolben putzen, waschen und in Salzwasser bei mittlerer Hitze ca. 20 Min. kochen. Für die Marinade den Rum mit Ahornsirup, Olivenöl, Salz und Pfeffer verrühren.

2. Die Maiskolben gut abtropfen lassen und in der Marinade wenden, in einen Gefrierbeutel stecken und die übrige Marinade darüberträufeln. Im Kühlschrank ca. 6 Std. marinieren.

3. Grill anheizen. Mais aus der Marinade nehmen und abtropfen lassen, Marinade auffangen. Grillrost heiß werden lassen, leicht ölen. Mais auf den Rost legen und bei nicht zu starker Hitze in ca. 15 Min. rundherum bräunen. Mit der Marinade beträufeln.

VARIANTE: POPCORN VOM GRILL

Ein großes Stück Alufolie in eine Schüssel legen. 1 EL Öl hineingießen und 4 EL Popcorn-Maiskörner dazugeben. Die Folie oben so zusammendrehen, dass ein großer Beutel entsteht, dann links und rechts ein kleines Loch einstechen. Den Beutel in die heiße Glut legen. Nach 4 – 5 Sek. fangen die Körner an, aufzupoppen. Wenn wieder Ruhe eingekehrt ist, das Popcorn in eine Schüssel füllen und mit Zucker oder mit Salz bestreuen.

Zucchini-Ziegenkäse-Päckchen

Für 4 Personen
Zubereitung: ca. 20 Min.
Ruhen: 10 Min.
Grillen: 8 Min.
Pro Portion: ca. 245 kcal,
9 g EW, 22 g F, 3 g KH

500 g Zucchini
Salz
3 EL Olivenöl
200 g Ziegenkäserolle
(ca. 5 cm ∅, noch nicht
zu weich)
3 Zweige Thymian
Pfeffer

Außerdem:
Öl zum Bestreichen

1. Die Zucchini waschen, putzen und längs in ca. 3 mm dünne Scheiben schneiden. Die Scheiben mit ein wenig Salz einreiben und ca. 10 Min. ruhen und ziehen lassen. Dann die Zucchinischeiben mit Küchenpapier trocken tupfen.

2. In einer großen Pfanne 1 EL Olivenöl erhitzen. Darin die Zucchinischeiben auf jeder Seite ca. 2 Min. braten, bis sie weich sind, aber noch nicht bräunen. Abkühlen lassen. Den Ziegenkäse in 2 cm dicke Scheiben schneiden. Thymian abbrausen, trocken schütteln und die Blättchen abzupfen.

3. Je 2 Zucchinischeiben über Kreuz aufeinanderlegen und 1 Ziegenkäsescheibe in die Mitte setzen. Mit Thymian und Pfeffer bestreuen, mit etwas Olivenöl beträufeln. Überstehende Zucchinischeiben darüber zusammenlegen und fest andrücken.

4. Den Grill anheizen. Den Grillrost heiß werden lassen, leicht ölen. Die Zucchinipäckchen mit dem übrigen Olivenöl einpinseln und auf den Rost legen. Bei mittlerer Hitze pro Seite 3 – 5 Min. grillen, bis der Käse gerade weich wird. Sofort servieren.

Würzige Tofu-Cevapcici mit Ajvar

Für 4 Personen
Zubereitung: ca. 45 Min.
Kühlen: 3 Std.
Grillen: 15 Min.
Pro Portion: ca. 310 kcal,
18 g EW, 18 g F, 19 g KH

Für das Ajvar:

3 rote Paprikaschoten
1 Zwiebel
2 Knoblauchzehen
2 EL Olivenöl
2 EL milder Weißweinessig
Salz | Pfeffer
¼ TL Chilipulver
1 TL getrockneter Majoran

Für die Cevapcici:

300 g geräucherter Tofu
1 Zwiebel
3 Knoblauchzehen
1 EL Olivenöl
4 EL Semmelbrösel
2 Eier (M)
1 TL getrockneter Majoran
1 TL getrockneter Oregano
2 TL edelsüßes Paprikapulver
1 TL rosenscharfes Paprikapulver
Salz | Pfeffer

Außerdem:

Öl zum Bestreichen

1. Den Backofen mit Grill auf höchster Stufe vorheizen, ein Backblech ölen. Für das Ajvar die Paprikaschoten halbieren, Samen und helle Trennwände entfernen, Schoten waschen und längs vierteln. Die Enden der Paprikaviertel einschneiden. Die Zwiebel ungeschält halbieren.

2. Die Paprikaviertel und die Zwiebelhälften mit Haut bzw. Schale nach oben auf das Blech legen, Paprika flach drücken. Im Ofen (oben) 7 – 10 Min. grillen, bis die Paprikahaut fast schwarz ist und Blasen wirft. Dabei in den letzten 3 Min. die ungeschälten Knoblauchzehen mitrösten.

3. Das Gemüse kurz abkühlen lassen, häuten bzw. schälen, grob schneiden und im Blitzhacker nicht zu fein zerkleinern. Mit dem Olivenöl und Essig verrühren, mit Salz, Pfeffer, Chilipulver und Majoran pikant würzen. Das Ajvar abgedeckt im Kühlschrank mindestens 3 Std. (noch besser über Nacht) ziehen lassen.

4. Für die Cevapcici Tofu trocken tupfen, Zwiebel und Knoblauch schälen. Alles grob würfeln und im Blitzhacker nicht zu fein zerkleinern. Das Tofu-Hack mit Olivenöl, Semmelbröseln, Eiern, Majoran, Oregano, Paprikapulver, Salz und Pfeffer pikant würzen. Abgedeckt 10 Min. ruhen lassen. Den Grill anheizen.

5. Aus dem Tofu-Hack mit leicht geölten Händen 12 daumendicke Würstchen (ca. 8 cm lang) formen. Den Grillrost heiß werden lassen, gut ölen. Die Tofu-Cevapcici auf den Rost legen und bei mittlerer Hitze rundherum 12 – 15 Min. grillen. Dabei aber erst wenden, wenn die Würstchen fest geworden sind und sich leicht vom Rost lösen lassen. Ab und zu mit Öl bestreichen. Die Tofu-Cevapcici mit dem kalten Ajvar servieren.

SO SCHMECKT'S AUCH

1 Gemüsezwiebel schälen, klein würfeln und mit 1 EL Pul Biber (milde Paprikaflocken aus dem türkischen Lebensmittelgeschäft) zu den Tofu-Cevapcici auf den Teller geben.

Halloumi und andere Grillkäsesorten sind perfekt für den Rost: Sie zerlaufen in der Hitze nicht und tropfen deswegen auch nicht in die Glut. Zudem lassen sie sich herrlich pikant verfeinern – und auch füllen.

Halloumi mit bunter Füllung

Für 4 Personen
Zubereitung: ca. 30 Min.
Wässern: 30 Min.
Grillen: 10 Min.

Pro Portion: ca. 535 kcal,
31 g EW, 44 g F, 4 g KH

4 Scheiben Halloumi (je 125 g,
2 – 3 cm dick)
6 grüne Grillpeperoni (Pimientos
Padron)
4 getrocknete Tomaten
(in Olivenöl)
75 g geräucherter Tofu
Salz | Pfeffer
einige Zitronenviertel zum
Beträufeln

Außerdem:
Öl zum Bestreichen

1. Halloumi-Scheiben waschen und 30 Min. in kaltes Wasser legen, um den Salzgeschmack zu mildern (Bild 1). Dann die Käsescheiben mit Küchenpapier gut trocken tupfen und von der Seite her eine Tasche einschneiden (Bild 2).

2. Grillpeperoni putzen, waschen und in ½ cm breite Streifen schneiden. Die getrockneten Tomaten abtropfen lassen und in feine Streifen schneiden. Den Tofu ebenfalls in feine Streifen schneiden. Alles mischen, etwas Olivenöl von den getrockneten Tomaten dazugeben und die Füllung mit wenig Salz und Pfeffer würzen (der Halloumi ist schon sehr salzig).

3. Peperoni-Tofu-Mischung in die Taschen der Käsescheiben füllen. Die Öffnungen fest zudrücken und mit schräg eingesteckten Zahnstochern verschließen. Gut einölen (Bild 3).

4. Den Grill anheizen. Grillrost heiß werden lassen, gut ölen. Den gefüllten Halloumi auf den Rost legen und bei mittlerer Hitze pro Seite 5 Min. grillen, bis die Scheiben schön gebräunt sind. Sofort mit Zitronenvierteln zum Beträufeln servieren.

VARIANTE: GEGRILLTER HALLOUMI-SALAT
Halloumi in daumendicke Streifen schneiden, 30 Min. wässern. 4 EL Limettensaft und 1 TL Bio-Limettenschale mit 3 EL Olivenöl, Salz und Pfeffer verrühren. Blättchen von 2 Stängeln Minze fein schneiden und unterrühren. Halloumi-Streifen bei mittlerer Hitze rundherum ca. 10 Min. grillen, dann auf dünnen Gurkenscheiben anrichten und mit der Sauce übergießen.

1 *Halloumi, der griechische Grill-käse, wird aus Kuh-, Schaf- und Ziegenmilch hergestellt und ähnlich wie Mozzarella gebrüht. Weil er fast immer sehr salzig ist, vorm Grillen mindestens 30 Min. in reichlich kaltem Wasser wässern.*

2 *Fürs Einschneiden der Taschen die Käse-scheiben auf das Arbeitsbrett legen und mit einer Hand andrücken. Mit der anderen Hand von einer Seite her mit einem schar-fen Messer vorsichtig bis 2 cm zum Rand eine möglichst große Tasche einschneiden.*

3 *Die Öffnung der Käsetaschen fest zudrücken und mit je 1 Zahnstocher schräg zustecken, damit die Füllung nicht auslaufen kann. Die Taschen außen gut mit Öl bestreichen, sonst hängen sie am Grillrost an.*

Scharfe Chili-Poppers mit Rahmdip

Für 4 Personen
Zubereitung: ca. 30 Min.
Kühlen: 3 Std.
Grillen: 10 Min.
Pro Portion: ca. 1020 kcal,
20 g EW, 56 g F, 25 g KH

Für den Rahmdip:
200 g Sahnequark
200 g saure Sahne
2 EL süße Sahne
2 EL Mayonnaise
1 – 2 Knoblauchzehen
2 Frühlingszwiebeln
4 Stängel Petersilie
Salz | Pfeffer

Für die Poppers:
8 rote Spitzpaprika
200 g Manchego
(spanischer Hartkäse)
Chilipulver zum Wenden
Salz

Außerdem:
Öl zum Bestreichen

1. Für den Dip den Sahnequark mit saurer und süßer Sahne sowie der Mayonnaise in einer Schüssel verrühren. Knoblauch schälen und dazupressen. Frühlingszwiebeln waschen, putzen und fein würfeln. Die Petersilie abbrausen und trocken schütteln, die Blättchen abzupfen und sehr fein hacken. Beides unter die Sahnecreme rühren, mit Salz und Pfeffer würzen. Abgedeckt in den Kühlschrank stellen und mindestens 3 Std. ziehen lassen.

2. Für die Poppers die Spitzpaprika waschen und mit einem scharfen Messer längs ganz vorsichtig aufschlitzen, dabei nicht durchschneiden. Die Samen und hellen Trennwände mit einem kleinen Teelöffel entfernen.

3. Den Manchego so in 8 Stücke schneiden, dass diese in die Paprikaschoten passen. Den Käse in Chilipulver wenden und in die Spitzpaprika füllen. Schoten vorsichtig zusammendrücken und mit Zahnstochern feststecken.

4. Den Grill anheizen. Den Grillrost heiß werden lassen, leicht ölen. Die Chili-Poppers ebenfalls mit Öl bestreichen und zuerst mit den Einschnitten nach unten auf den Rosten legen und bei starker Hitze 5 Min. grillen. Dann umdrehen und weitere 5 Min. grillen, bis die Schoten gut gebräunt sind. Vom Rost nehmen und rundherum salzen. Mit dem Rahmdip servieren.

SO SCHMECKT'S AUCH

Wenn die Chili-Poppers nicht vegetarisch sein müssen, jede gefüllte Schote noch mit 1 Scheibe Frühstücksspeck (Bacon) umwickeln. Dann die Poppers bei mittlerer Hitze grillen, damit der Speck nicht verbrennt. Dazu passt eine süßsaure Chilisauce (siehe S. 143) sehr gut.

Gorgonzola-Birnen

Für 4 Personen
Zubereitung: ca. 20 Min.
Grillen: 15 Min.
Pro Portion: ca. 430 kcal,
5 g EW, 39 g F, 13 g KH

4 große, feste Birnen
(z. B. Williams Christ oder
Packhams)
2 EL Zitronensaft
25 g Walnusskerne
50 g Gorgonzola
125 g Mascarpone
30 g weiche Butter
Salz
Chilipulver

Außerdem:
Kugelausstecher
Öl zum Bestreichen

1. Die Birnen waschen, längs halbieren und mit dem Kugelausstecher (ersatzweise einem Teelöffel) das Kerngehäuse großzügig entfernen. Das Birnenfleisch mit einem spitzen Messer kreuzweise einritzen und mit etwas Zitronensaft beträufeln.

2. Walnusskerne grob hacken, Gorgonzola klein würfeln. Beides mit Mascarpone und Butter vermischen. Mit übrigem Zitronensaft, wenig Salz und Chilipulver abschmecken. Die Gorgonzolamischung auf die Kerngehäusehöhlungen der Birnen häufen.

3. Den Grill anheizen. Den Grillrost heiß werden lassen, leicht ölen. Birnenhälften mit der Schale nach unten auf den Rost legen und bei mittlerer Hitze ca. 15 Min. grillen, bis die Schale dunkelbraun geworden ist. Das nun ganz weiche Fruchtfleisch samt Käsefüllung aus den Schalen auf Teller löffeln, servieren.

SO SCHMECKT'S AUCH

Die Birnenhälften nur dick mit weicher Butter bestreichen und mit braunem Zucker bestreuen, dann wie beschrieben grillen. Jeweils 1 Klecks Preiselbeerkonfitüre in die Aushöhlung setzen und die Birnen als Vorspeise, Snack oder Nachtisch servieren.

Eierlikör-Bananen

Für 4 Personen
Zubereitung: ca. 10 Min.
Grillen: 20 Min.
Pro Portion: ca. 290 kcal,
4 g EW, 10 g F, 40 g KH

4 große, reife Bananen
4 EL Schokoladenraspel
8 EL Eierlikör
Schlagsahne oder Vanilleeis zum
Servieren (nach Belieben)

1. Von den Bananen die Enden abschneiden. Die Schale nicht entfernen, sondern nur auf einer Seite einschneiden.

2. Den Grill anheizen. Den Grillrost heiß werden lassen und die Bananen mit der eingeschnittenen Seite nach unten auf den Rost legen. Bei schwacher Hitze (am besten, wenn der Grill nicht mehr so heiß ist) 10 Min. rösten, bis die Schale dunkelbraun ist.

3. Bananen umdrehen, Einschnitte auseinanderziehen, Schoko-raspel in die Einschnitte streuen. Die Bananen weitere 10 Min. grillen, bis auch die zweite Seite sehr dunkel geworden ist. Sofort auf Teller geben, mit Likör übergießen und servieren. Eventuell noch Schlagsahne oder Vanilleeis dazu reichen.

SO SCHMECKT'S AUCH

Für Kinder die Bananen anstatt mit Likör mit Vanillesauce übergießen: In einem Topf ¼ l kalte Milch mit 10 g Speisestärke und 2 EL Zucker verrühren und langsam aufkochen, dabei ständig weiterrühren. Zum Schluss 1 Pck. Bourbon-Vanillezucker untermischen. Die Sauce abkühlen lassen, dabei ab und zu umrühren, damit sich keine Haut bildet.

Triple-A-Obstspieße mit Butterscotch

Für 4 Personen
Zubereitung: ca. 35 Min.
Grillen: 10 Min.
Pro Portion: ca. 620 kcal,
4 g EW, 34 g F, 73 g KH

Für den Butterscotch:
50 g Butter
80 g Rohrzucker
3 EL Ahornsirup
100 g Sahne
100 ml Apfelsaft
1 Msp. gemahlene Nelken

Für die Obstspieße:
1 Ananas
12 Aprikosen
75 g Marzipan-Rohmasse
2 feste Äpfel (z. B. Braeburn)
1 EL Zitronensaft

Außerdem:
8 lange Holzspieße
Öl zum Bestreichen

1. Für den Butterscotch in einem Topf die Butter schmelzen, Zucker einstreuen und den Sirup dazugießen. Unter Rühren bei mittlerer Hitze ca. 5 Min. erhitzen, bis der Zucker leicht karamellisiert ist und duftet. Topf vom Herd nehmen, nach und nach die Sahne, dann den Apfelsaft unterrühren. Die Sauce aufkochen und bei nicht zu starker Hitze 10 Min. kochen lassen. Nelkenpulver unterrühren, den Topf vom Herd nehmen und den Butterscotch abkühlen lassen. Die Holzspieße in warmes Wasser legen.

2. Für die Obstspieße von der Ananas den Strunk und den Stielansatz entfernen. Die Frucht schälen und mit einem kleinen spitzen Messer die braunen »Augen« ausstechen. Ananas längs vierteln, den harten Strunk in der Mitte wegschneiden und die Ananasviertel in 3 cm dicke Scheiben schneiden.

3. Die Aprikosen waschen und halbieren, dabei aber nicht ganz durchschneiden. Die Steine vorsichtig entfernen. Das Marzipan in 12 Stücke teilen, zu Kugeln rollen und in die Aprikosen füllen. Aprikosen zur ursprünglichen Form leicht zusammendrücken.

4. Die Äpfel schälen, vierteln und entkernen. Apfelviertel quer halbieren und mit Zitronensaft einreiben, damit sie nicht braun anlaufen. Die Holzspieße trocknen, ölen und abwechselnd Ananasstücke, gefüllte Aprikosen und Apfelstücke aufstecken.

5. Den Grill anheizen. Den Grillrost heiß werden lassen, leicht ölen. Triple-A-Obstspieße mit etwas Butterscotch bestreichen, auf den Rost legen und bei mittlerer Hitze rundherum in 10 Min. leicht bräunen und karamellisieren lassen. Vom Grill nehmen und mit der restlichen Butterscotch-Sauce übergießen, servieren.

SO SCHMECKT'S AUCH
Die nach Karamell schmeckende Butterscotch-Sauce passt zu jedem Obst vom Grill und peppt zudem auch einen einfachen Vanillepudding oder eine Eiscreme auf.

Und das Dazu

Was wäre ein Grillfest ohne üppige bunte Salate, pikante Dips und Saucen, fruchtige Bowlen und Cocktails? Am besten von allem gleich eine etwas größere Menge einplanen, denn der Appetit ist an der frischen Luft einfach größer. Und dann noch der anregende Duft vom Grill ...

Kartoffelsalat
mit Zwiebel-Dreierlei

Für 4 Personen
Zubereitung: ca. 45 Min.
Pro Portion: ca. 380 kcal,
19 g EW, 19 g F, 33 g KH

1 kg festkochende Kartoffeln
Salz
100 g geräucherter, würziger
Schinken (am Stück,
z. B. Schwarzwälder Schinken)
1 große gelbe Zwiebel
1 rote Zwiebel
3 EL kaltgepresstes Hanföl
(ersatzweise Walnussöl)
100 ml milder Weißweinessig
Pfeffer
1 Bund Frühlingszwiebeln
4 kleine Essiggurken (samt
ca. 75 ml Gurkenflüssigkeit)
50 – 100 ml Gemüsebrühe
(nach Bedarf)
4 hart gekochte Eier (M)

1. Die Kartoffeln waschen, in einem Topf mit Wasser bedecken, salzen, aufkochen und bei schwacher Hitze in ca. 30 Min. zugedeckt weich garen. Schinken in 150 ml ungesalzenem Wasser aufsetzen und 5 Min. kochen, dann im Sud kurz abkühlen lassen.

2. Die gelbe und rote Zwiebel schälen, klein würfeln. Schinken aus dem Sud heben und ebenfalls in kleine Würfel schneiden. In einem kleinen Topf das Hanföl erhitzen und darin die Schinkenwürfel bei schwacher bis mittlerer Hitze leicht anrösten. Zwiebelwürfel dazugeben und noch 2 – 3 Min. braten. Mit dem Schinkensud ablöschen und diesen 5 Min. einkochen. Essig dazugießen und den Sud mit Salz und Pfeffer abschmecken.

3. Die Kartoffeln abgießen und mit kaltem Wasser abschrecken. Kartoffeln noch warm pellen, in dünne Scheiben schneiden, in eine Schüssel geben. Nach und nach mit dem Schinken-Zwiebel-Sud vermischen – immer nur so viel Sud dazugießen wie die Kartoffeln aufnehmen können. Falls Sud übrig bleibt, aufheben.

4. Die Frühlingszwiebeln waschen, putzen und in feine Ringe schneiden. Die Essiggurken klein würfeln und mit den Frühlingszwiebeln und der Gurkenflüssigkeit unter den Kartoffelsalat mischen. Den Salat bis zum Servieren kurz ziehen lassen.

5. Dann eventuell noch ein wenig Sud (sollte nichts mehr übrig geblieben sein, Gemüsebrühe oder Gurkenflüssigkeit nehmen) unter den Salat mischen, er sollte keinesfalls zu trocken sein. Mit Salz und Pfeffer abschmecken. Die Eier pellen und in Viertel schneiden, den Salat damit garnieren.

VARIANTE: SÜDTIROLER KARTOFFELSALAT

Kartoffeln wie oben beschrieben garen und schneiden. 1 Tomate und 100 g Südtiroler Speck in dünnen Streifen und 75 g Rucola untermischen. Den Kartoffelsalat mit 5 EL Olivenöl, 3 EL Apfelessig, 100 ml Gemüsebrühe, 1 TL Senf, 1 Prise Zucker, Salz und Pfeffer anmachen. Mit frisch gehobeltem Parmesan bestreuen.

Smoken

Wer es einmal probiert hat, möchte es nicht mehr missen: das Smoken. Bei dieser besonderen Grillart lassen sich viele Leckereien auf einmalige Weise zubereiten. Dazu kommt das gemütliche BBQ-Feeling, das man bei der langsamen Zubereitung genießen kann.

Smoken – das echte USA-Barbecue – hat eigentlich wenig mit dem Grillen zu tun, denn es ist ein **indirektes Garen** mit einer Feuerbox, in der heißer Rauch erzeugt wird, und einem Garraum, in dem das Grillgut auf einem Rost platziert wird. Innerhalb der Garzone soll die Temperatur bei 110° bis 130° liegen, also ähnlich wie beim Niedertemperatur-Garen im Backofen.

Gesmokt werden vor allem Fleischstücke, die sich nicht zum schnellen Grillen eignen, sondern die man üblicherweise als **Schmorfleisch** verwendet. Hochrippe, Fehlrippe, Halsstück oder auch Suppenfleisch werden bei der geringen Temperatur beim Smoken einfach herrlich zart.

Gängig beim Smoken ist das Einmassieren des Fleischs am Vortag mit einer Gewürzmischung, **dem Rub.** Dann wird das Stück **gemoppt,** also mit einer Würzsauce dick bestrichen, damit das Fleisch bei dem sehr langen Garvorgang nicht austrocknet, sondern schön saftig bleibt.

Ganz klassisch wird die Feuerbox (auch Brennkammer genannt) des BBQ-Smokers **mit Hartholz beheizt,** wobei es sehr auf die Holzart ankommt, welches Aroma das Gargut erhält. Für eher dezente Raucharomen sind Obstbaumhölzer wie Apfel oder Kirsche am besten geeignet, für ein kräftigeres Aroma greift man zu harten Hölzern wie Eiche, Esche, Buche oder Walnuss.

Aber auch mit Holzkohle oder Grillbriketts lässt es sich gut smoken. Spezielle Aromen erhält man durch **Räucherchips** von Apfel bis Hickory. Sie werden vorm Grillen in Wasser eingeweicht und dann über die Glut gestreut. Frische Holzstückchen kann man ohne Wässern ebenfalls verwenden. Zudem gibt es BBQ-Räuchermischungen für den Kugelgrill, sodass ein Smoker nicht unbedingt benötigt wird.

Rind nach Beef-Brisket-Art

Für 8 Personen
Zubereitung: ca. 30 Min.
Marinieren: 12 Std.
Garen: 6 Std. 30 Min.
Pro Portion: ca. 710 kcal,
43 g EW, 57 g F, 7 g KH

2 kg Rinderbrust (ohne Knochen
und Fettauflage, aber durchwachsen und gut abgehangen)
2 TL grob gemahlener
bunter Pfeffer | 2 TL Salz
1 TL Knoblauchpulver
1 Prise Chilipulver
150 ml kräftige Gemüsebrühe
100 ml Tomatenketchup
2 EL Erdnussöl
2 EL Harry P's Grillsauce (siehe
S. 142) | 1 EL Honig

Außerdem:
1 Handvoll frische Holzspäne
oder BBQ-Räuchermischung
Öl zum Bestreichen

1. Vom Fleisch eventuelles Fett und die Häute abschneiden. Für den Rub Pfeffer, Salz, Knoblauch- und Chilipulver vermischen und das Fleisch damit einreiben. Das Fleisch in einen Gefrierbeutel stecken, die Luft herausdrücken, den Beutel verschließen. Im Kühlschrank 12 Std. (am besten über Nacht) marinieren.

2. Zum Garen ohne Smoker: Backofen mit Umluft auf knapp 80° vorheizen. Darin ein tiefes Backblech mit Wasser erwärmen. Nach ca. 30 Min. sollte die Temperatur konstant bleiben. Dann das Fleisch im Beutel aufs Blech legen und ca. 6 Std. garen. Nun den Ofen ausschalten und das Fleisch darin abkühlen lassen.

3. Einen Kugelgrill mit Holzkohle anheizen, Räuchermischung anfeuchten. Für die Würzsauce Brühe, Ketchup, Erdnussöl, Grillsauce und Honig verrühren. Das Fleisch aus dem Beutel nehmen, mit Küchenpapier trocken tupfen, mit etwas Sauce bestreichen.

4. Wenn die Kohle durchgeglüht ist, Holzspäne oder Räuchermischung aufstreuen, Grillrost auflegen, ölen. Fleisch auf den Rost legen und wieder mit Sauce bestreichen. Deckel schließen und das Fleisch 10–15 Min. bei mittlerer bis schwacher Hitze räuchern. Deckel öffnen, Fleisch wenden, mit Sauce bestreichen und weitere 10–15 Min. räuchern, bis das Fleisch gut gebräunt ist. Kurz ruhen lassen, in dünne Scheiben schneiden und servieren. Dazu passt Harry P's Grillsauce (siehe S. 142).

Stiftelsalat mit Tomaten

Für 4 Personen
Zubereitung: ca. 30 Min.
Pro Portion: ca. 215 kcal,
5 g EW, 16 g F, 12 g KH

500 g reife, aber noch
feste Tomaten
3 Mini-Salatgurken
1 milde weiße Zwiebel
1 große grüne Paprikaschote
150 g Möhren
1 Mini-Romanasalat
1 Bund Dill
Salz | Pfeffer
4 EL milder Weißweinessig
6 EL Olivenöl

1. Die Tomaten waschen und vierteln, Stielansätze entfernen und die »Kerngehäuse« herausschneiden, aber aufheben. Die Tomatenviertel in schmale Spalten schneiden.

2. Die Gurken waschen und längs achteln. Die Zwiebel schälen und halbieren. Die Paprikaschote putzen, waschen und vierteln. Die Möhren schälen. Alles in 3 – 4 cm lange Stifte schneiden. Den Romanasalat auseinanderlösen, waschen, trocken schleudern und in schmale Streifen schneiden.

3. Den Dill abbrausen und trocken schütteln, die Spitzen abzupfen und fein schneiden. Die Kerngehäuse der Tomaten durch ein Sieb streichen, den Saft mit Salz, Pfeffer und Weißweinessig verrühren. Mit einer Gabel oder einem Schneebesen das Olivenöl unterschlagen, dann den Dill untermischen.

4. Eine möglichst flache Salatschüssel mit den Romanastreifen auslegen, die »Stiftel« und Tomaten mischen und darübergeben. Mit Salatsauce gleichmäßig beträufeln und servieren.

Bunter Salat mit Pfirsichen

Für 4 Personen
Zubereitung: ca. 30 Min.
Pro Portion: ca. 285 kcal,
6 g EW, 26 g F, 5 g KH

6 kleine Plattpfirsiche
(Weinbergpfirsiche)
3 EL Zitronensaft
150 g bunte Blattsalate
(z. B. Romanasalat, Eichblatt-
salat, Baby-Mangold oder
Feldsalat, Radicchio)
100 g Gorgonzola (gut gekühlt)
10 Walnusshälften
2 EL milder Weißweinessig
1 TL extrascharfer Senf
Salz | Pfeffer
1 TL heller Honig
6 EL Walnussöl

1. Die Pfirsiche schälen: Wenn sie reif sind, einfach die Haut abziehen, wenn sie noch fest sind, vorher kurz mit kochendem Wasser überbrühen, abschrecken. Die Pfirsiche entkernen, in dünne Spalten schneiden und mit dem Zitronensaft beträufeln.

2. Blattsalate auseinanderlösen, waschen, trocken schleudern und in grobe Stücke reißen oder schneiden. Den Gorgonzola in kleine Würfel schneiden. Die Blattsalate vorsichtig mit den Käsewürfeln und den Pfirsichspalten mischen, in eine Schüssel geben und mit den Walnusshälften bestreuen.

3. Für die Salatsauce den Weißweinessig mit Senf, Salz und Pfeffer verrühren, bis sich das Salz aufgelöst hat. Mit einer Gabel Honig und Walnussöl unterschlagen, bis die Sauce cremig ist. Die Salatmischung mit der Sauce beträufeln und servieren.

SO SCHMECKT'S AUCH

Statt der Pfirsiche 1 kleine Honigmelone halbieren, die Kerne entfernen und das Fruchtfleisch mit einem Kugelausstecher aus-lösen. Restliches Melonenfruchtfleisch mit einem Löffel aus den Schalen schaben, pürieren und unter die Salatsauce mischen.

Sommersalat mit Zucchini-Nuggets

Für 4 Personen
Zubereitung: ca. 1 Std.
Pro Portion: ca. 405 kcal,
12 g EW, 31 g F, 17 g KH

Für die Nuggets:
500 g kleine, feste Zucchini
Salz
3 Frühlingszwiebeln
1 Bund Petersilie
40 g geriebener Parmesan
ca. 40 g Semmelbrösel
2 Eier (S)
Pfeffer
6 EL Olivenöl

Für den Salat:
1 Mini-Romanasalat
3 feste Tomaten
1 kleine Salatgurke
1 gelbe Paprikaschote
4 EL Zitronensaft
Salz | Pfeffer
4 EL Olivenöl

Außerdem:
einige Zitronenviertel zum
Beträufeln

1. Für die Nuggets die Zucchini waschen, putzen und auf der Gemüsereibe grob raspeln. Mit 1 – 2 TL Salz vermischen, in ein Sieb geben und 20 Min. abtropfen lassen. Die Frühlingszwiebeln waschen, putzen und die hellen Abschnitte fein hacken (dunkles Grün für den Salat aufheben). Petersilie abbrausen und trocken schütteln, die Blättchen abzupfen und fein hacken. Gehackte Zwiebeln und die Hälfte der Petersilie (den Rest für den Salat verwenden) mit Parmesan und Semmelbröseln vermischen.

2. Zucchiniraspel sehr fest ausdrücken, mit den Kräuter-Käse-Bröseln vermischen, die Eier unterrühren. Mit Salz und Pfeffer abschmecken, ca. 15 Min. quellen lassen. Falls die Masse dann noch sehr flüssig ist, zusätzlich 1 – 2 EL Semmelbrösel dazugeben.

3. Für den Salat den Romanasalat auseinanderlösen, waschen und trocken schleudern. Den Salat in breite Streifen schneiden und auf einer Platte ausbreiten. Tomaten waschen und in grobe Würfel schneiden, dabei Stielansätze entfernen. Gurke waschen und so schälen, dass Streifen entstehen, die Paprika putzen und waschen. Beides ebenfalls grob würfeln.

4. Das gewürfelte Gemüse über die Salatstreifen streuen. Das Frühlingszwiebelgrün in feine Ringe schneiden und über den Salat streuen. Die restliche Petersilie mit dem Zitronensaft, Salz und Pfeffer verrühren, dann das Olivenöl unterschlagen.

5. Für die Nuggets das Olivenöl in einer Pfanne erhitzen, bis die Oberfläche unruhig wird. Dann den Zucchiniteig nach und nach mit zwei Teelöffeln ins Öl geben, zu kleinen Nuggets formen und in 3 – 4 Min. pro Seite goldgelb ausbacken. Anschließend die fertigen Nuggets mit einem Schaumlöffel aus dem Öl heben und auf Küchenpapier gut abtropfen lassen.

6. Die Salatsauce noch einmal aufschlagen und über den Salat träufeln. Die lauwarmen Zucchini-Nuggets darüberstreuen. Mit Zitronenvierteln zum Beträufeln dekorieren.

Gurkensalat mit Bulgur

Für 4 Personen
Zubereitung: ca. 30 Min.
Marinieren: 1 Std.
Pro Portion: ca. 340 kcal,
8 g EW, 18 g F, 34 g KH

150 g Bulgur
Salz
1 TL Chiliflocken
3 Bund Petersilie
3 Stängel Minze
500 g Mini-Salatgurken
3 Tomaten
1 grüne Paprikaschote
1 Bund Frühlingszwiebeln
4 EL Zitronensaft
Pfeffer
5 EL Olivenöl
8 schwarze Oliven
(ohne Stein)

1. Den Bulgur in eine Schüssel geben, salzen und mit den Chiliflocken bestreuen. 150 ml kochend heißes Wasser darüberträufeln und den Bulgur zugedeckt ca. 15 Min. quellen lassen.

2. Inzwischen die Kräuter abbrausen und trocken schütteln, die Blättchen abzupfen und grob schneiden. Die Gurken waschen, längs vierteln und in grobe Stücke schneiden. Die Tomaten mit kochend heißem Wasser überbrühen, häuten und die Stielansätze entfernen, das Fruchtfleisch grob würfeln. Die Paprikaschote putzen, waschen und in kleine Würfel schneiden. Die Frühlingszwiebeln waschen, putzen und in feine Ringe schneiden.

3. Den Bulgur mit einer Gabel auflockern. Kräuter, Gurken, Tomaten, Paprikaschote und die Frühlingszwiebeln unterheben. Den Zitronensaft mit Salz, Pfeffer und Olivenöl verquirlen, bis sich das Salz aufgelöst hat. Den Salat mit der Sauce vermischen und ca. 1 Std. durchziehen lassen.

4. Zum Servieren den Salat nochmals durchmischen und mit Salz und Pfeffer abschmecken. Mit den Oliven garnieren.

Nizza-Salat mit Eiern

Für 4 Personen
Zubereitung: ca. 30 Min.
Pro Portion: ca. 375 kcal,
20 g EW, 28 g F, 8 g KH

4 Tomaten
1 kleine Salatgurke
1 grüne Paprikaschote
2 weiße Zwiebeln
4 eingelegte Artischockenherzen
1 Dose Thunfisch »naturell«
(150 g Abtropfgewicht)
1 – 2 Knoblauchzehen
2 EL milder Weißweinessig
2 EL Zitronensaft
1 TL extrascharfer Senf
Salz | Pfeffer | 6 EL Olivenöl
4 hart gekochte Eier (M)
je 8 grüne und schwarze Oliven
(ohne Stein)

1. Die Tomaten waschen und achteln, dabei die Stielansätze entfernen. Die Gurke schälen und in dünne Scheiben schneiden. Die Paprikaschote putzen, waschen und klein würfeln. Zwiebeln schälen und in schmale Streifen schneiden. Alles mischen.

2. Die Artischockenherzen abtropfen lassen und längs halbieren. Den Thunfisch abtropfen lassen und grob zerpflücken. Beides unter den Salat mischen.

3. Für die Salatsauce den Knoblauch schälen und in eine kleine Schüssel pressen. Mit Weißweinessig, Zitronensaft, Senf, Salz und Pfeffer verrühren. Dann das Olivenöl unterschlagen, bis eine cremige Sauce entstanden ist.

4. Den Salat in einer flachen Schüssel ausbreiten. Eier pellen und vierteln, mit den Oliven auf dem Salat verteilen. Zum Schluss die Salatsauce darüberträufeln.

SO SCHMECKT'S AUCH

Die Salatzutaten klein würfeln und in aufgeschnittene große Brötchen füllen, dann erst mit der Salatsauce beträufeln.

Knoblauch-Mayonnaise – heiß gemixt

1 ganz frisches Ei (L) in einen hohen Mixbecher geben und mit
1 TL Zitronensaft, 1 TL Senf, Salz und Pfeffer verrühren. Nach Belieben noch ½ TL Kurkumapulver für die gelbe Farbe dazugeben.
In einem Topf 200 ml Sonnenblumenöl erwärmen. 1 – 2 Knoblauchzehen schälen und dazupressen. Öl auf knapp 80° erhitzen
(der Knoblauch fängt gerade zu brutzeln an, am besten die Temperatur mit einem Fleischthermometer prüfen). Jetzt die Eimischung
mit dem Pürierstab durchmixen, dabei langsam das Öl einlaufen
lassen. Nur so lange mixen, bis eine dickflüssige, glatte Mayonnaise
entstanden ist. Unter Rühren abkühlen lassen und in ein Schraubglas füllen. Im Kühlschrank aufheben. Haltbarkeit: gut 1 Woche.

Cajun-Remoulade

Für 4 Personen
Zubereitung: ca. 30 Min.
Pro Portion: ca. 225 kcal,
1 g EW, 23 g F, 2 g KH

2 Frühlingszwiebeln
1 grüne Chilischote
2 Stängel Basilikum
1 EL Kapern
knapp ½ Rezept Knoblauch-
Mayonnaise (100 g, siehe S. 136)
2 EL Crème fraîche
2 TL geriebener Meerrettich (aus
Tube oder Glas)
1 – 2 TL Zitronensaft
Salz | Pfeffer

1. Die Frühlingszwiebeln waschen, putzen und die weißen und hellgrünen Teile in feine Ringe schneiden. Chilischote entstielen und längs aufschlitzen, Samen und helle Trennwände entfernen (sehr scharf, eventuell mit Einweghandschuhen arbeiten). Die Schote waschen und in winzige Würfelchen schneiden. Kapern fein hacken. Basilikumblättchen abzupfen und fein schneiden.

2. Die zerkleinerten Zutaten unter die Mayonnaise heben, die Crème fraîche und den Meerrettich unterrühren. Die Remoulade mit Zitronensaft, Salz und Pfeffer abschmecken.

DAZU PASST
Die Cajun-Remoulade schmeckt sehr gut zu Geflügel, Fisch und Gemüse vom Grill. Unbedingt dazu probieren: Garnelen in der Schale am Rücken aufschneiden und entdarmen, mit Salz, Pfeffer und Zitronensaft würzen und auf beiden Seiten kurz grillen.

Guacamole mit Koriander

Für 4 Personen
Zubereitung: ca. 20 Min.
Pro Portion: ca. 190 kcal,
2 g EW, 19 g F, 2 g KH

1 reife, aber noch
schnittfeste Fleischtomate
1 Frühlingszwiebel
3 Knoblauchzehen
2 grüne Chilischoten
4 – 5 Stängel Koriandergrün
Salz
2 vollreife Avocados
1 EL Limettensaft
Pfeffer

1. Die Tomate mit kochend heißem Wasser überbrühen, häuten, halbieren und den Stielansatz entfernen. Die Kerne entfernen und das Fruchtfleisch klein würfeln.

2. Frühlingszwiebel waschen, putzen und fein hacken. Knoblauch schälen und klein schneiden. Chilis putzen, waschen, klein würfeln. Koriander abbrausen und trocken schütteln, Blättchen abzupfen. Alles mit 1 Prise Salz im Blitzhacker fein pürieren.

3. Avocados halbieren und die Kerne entfernen. Das Fruchtfleisch mit einem Löffel aus den Schalen lösen, mit Limettensaft beträufeln und mit einer Gabel fein zerdrücken. Tomatenwürfel und Chilimix unterrühren, mit Salz und Pfeffer abschmecken.

DAZU PASST
Am besten zu Steaks oder Hähnchen vom Grill oder mit Tortilla-Chips zum Dippen servieren.

Buntes Antipasti-Gemüse mit Oliven

Für 4 Personen
Zubereitung: ca. 30 Min.
Ruhen: 1 Std. 30 Min.
Pro Portion: ca. 300 kcal,
4 g EW, 27 g F, 8 g KH

500 g Brokkoli
3 Möhren
2 Stangen Staudensellerie
4 Knoblauchzehen
¼ l milder Weißweinessig
1 Lorbeerblatt
Salz
3 Stängel Basilikum
1 Zweig Thymian
75 g schwarze Oliven
(ohne Stein)
3 EL Kapern
Pfeffer
8 EL Olivenöl

1. Den Brokkoli waschen, die Röschen ablösen, die Strünke schälen und in 3 cm lange, bleistiftstarke Stifte schneiden. Die Möhren schälen und in ca. 1 cm große Würfel schneiden. Den Staudensellerie waschen, Grün abschneiden und beiseitelegen. Die Selleriestangen 1 cm groß würfeln. Den Knoblauch schälen und in dicke Scheiben schneiden.

2. In einem großen Topf ca. 1 l Wasser mit Weinessig, Lorbeerblatt und 2 EL Salz zum Kochen bringen. Wenn es sprudelnd kocht, das Gemüse darin offen 1 Min. garen. Dann den Topf von der Herdplatt nehmen und das Gemüse in dem Sud ca. 30 Min. abkühlen und marinieren lassen.

3. Das marinierte Gemüse in ein Sieb abgießen (den Sud dabei eventuell auffangen und anderweitig verwenden, z. B. für einen Kartoffelsalat). Das Lorbeerblatt entfernen, das Gemüse gut abtropfen lassen und in eine Schüssel füllen.

4. Die Kräuter abbrausen und trocken schütteln, Blättchen abzupfen. Die Kräuterblättchen mit dem beiseitegelegten Selleriegrün fein schneiden. Mit den Oliven und den Kapern unter das Gemüse mischen.

5. Das Antipasti-Gemüse mit Salz und Pfeffer würzen und mit dem Olivenöl vermischen. Bis zum Servieren abgedeckt an einem kühlen Platz, aber nicht im Kühlschrank, noch mindestens 1 Std. marinieren, dabei ab und zu durchmischen.

VARIANTE: BROKKOLI IN WEISSWEIN

750 g Brokkoli wie oben beschrieben vorbereiten und in Salzwasser 6 – 8 Min. sprudelnd kochen lassen, in ein Sieb abgießen und abtropfen lassen. 2 Knoblauchzehen schälen, fein hacken. Je ⅛ l Weißwein und Orangensaft mit dem Knoblauch auf die Hälfte einkochen, mit Salz und Pfeffer abschmecken. Brokkoli in dem Sud 1 Std. marinieren, dabei ab und zu durchrühren.

Süß-scharfes Weißkohl-Mais-Relish

Für 4 Personen
Zubereitung: ca. 30 Min.
Kochen: 15 Min.
Ruhen: 12 Std.
Pro Portion: ca. 215 kcal,
5 g EW, 2 g F, 42 g KH

300 g Weißkohl
Salz
1 Dose Maiskörner
(ca. 300 g Abtropfgewicht)
1 große rote Paprikaschote
1 grüne Chilischote
1 rote Zwiebel
75 g Rohrzucker
1 TL Senfkörner
½ TL schwarze Pfefferkörner
½ TL Pimentkörner
100 ml milder Weißweinessig
100 ml klarer Apfelsaft
1 EL Zitronensaft
2 – 3 Stängel Petersilie

1. Vom Weißkohl unschöne Blätter entfernen, den Strunk herausschneiden. Kohl waschen, vierteln und in feine Streifen schneiden. Die Kohlstreifen in einer Schüssel mit 1 TL Salz bestreuen und kurz, aber kräftig durchkneten. Beiseitestellen.

2. Die Maiskörner in ein Sieb abgießen und abtropfen lassen. Die Paprikaschote und die Chilischote halbieren, Samen und helle Trennwände entfernen (Vorsicht, die Chili ist sehr scharf!). Die Schoten waschen und in kleine Würfel schneiden. Die Zwiebel schälen und fein hacken.

3. Die Weißkohlstreifen mit Mais, Paprika, Chili, Zwiebel und dem Zucker in einen Topf geben. Die Senf-, Pfeffer- und Piment-körner in einem Mörser grob zerdrücken und über die Kohlmischung streuen. Weißweinessig und den Apfelsaft dazugießen, aufkochen und zugedeckt bei schwacher Hitze 10 – 15 Min. sanft kochen lassen, bis der Kohl gar ist.

4. Das Relish in eine Schüssel füllen und abkühlen lassen. Anschließend abgedeckt im Kühlschrank für ca. 12 Std., am besten aber über Nacht, durchziehen lassen.

5. Das Relish mit Salz und Zitronensaft abschmecken. Zum Servieren die Petersilie abbrausen und trocken schütteln, die Blättchen abzupfen, grob schneiden und über das Relish streuen. Dieses Relish ist in den USA eine typische Beilage zu Fleisch vom Grill, etwa zu Spareribs und Rindersteaks.

VARIANTE: COLE SLAW – WEISSKOHLSALAT

½ kleinen Weißkohl (noch besser wäre Spitzkohl) wie oben be-schrieben vorbereiten und in ganz dünne Streifen schneiden oder auf dem Gemüsehobel raspeln. 2 Möhren und ½ Salatgurke schälen und raspeln oder in sehr feine Streifen schneiden. Alles vermischen und mit 2 EL Weißweinessig, 2 EL Sonnenblumenöl, 4 EL Mayonnaise, Salz und Pfeffer anmachen. Den Salat abge-deckt mindestens 1 Std. im Kühlschrank durchziehen lassen.

Harry P's Grillsauce

Für ¼ l Sauce
Zubereitung: ca. 30 Min.
Kochen: 15 Min.
Pro Portion: ca. 605 kcal,
3 g EW, 0 g F, 132 g KH

60 g Tamarindenmark
(Asialaden)
350 ml Apfelsaft
6 getrocknete Datteln
6 – 7 Blockmalz-Bonbons
(ca. 30 g, ersatzweise
Rohrzucker)
70 ml milder Weißweinessig
2 EL Aceto balsamico
2 EL Tomatenmark
2 EL Zuckerrübensirup
2 TL Salz | 2 TL Garam masala
½ TL gemahlener Piment
1 TL Speisestärke

1. Das Tamarindenmark mit dem Apfelsaft in einen Topf geben und mit einer Gabel zu Mus zerdrücken. Datteln entsteinen und klein schneiden. Das Blockmalz in einen Gefrierbeutel geben und mit dem Fleischklopfer oder Nudelholz fein zerkleinern. Beides zum Tamarindenmus geben. Das Mus unter Rühren langsam aufkochen, dann 10 – 15 Min. bei schwacher Hitze leise kochen, dabei ab und zu umrühren. Abkühlen lassen.

2. Das Mus durch ein feines Sieb streichen und wieder in den Topf geben. Mit Weißweinessig, Aceto balsamico, Tomatenmark, Zuckerrübensirup, Salz und Gewürzen verrühren, erhitzen.

3. Die Speisestärke mit 50 ml kaltem Wasser anrühren, unter das Mus rühren und die Sauce noch einmal aufkochen lassen. Eventuell mit Essig und Salz abschmecken. Die Sauce in eine Flasche füllen, verschließen und abkühlen lassen. Im Kühlschrank aufbewahren. Haltbarkeit: mindestens 4 Wochen.

DAZU PASST'S

In England wird diese Sauce zum Marinieren von Fleisch, zum Bestreichen beim Grillen und zum Nachwürzen genommen.

Süßsaure Chilisauce

Für ¼ l Sauce
Zubereitung: ca. 20 Min.
Kochen: 10 Min.
Pro Portion: ca. 725 kcal,
3 g EW, 5 g F, 158 g KH

6 grüne Jalapeños (kleine
scharfe Paprikaschoten;
ersatzweise grüne Chilischoten)
4 Knoblauchzehen
1 Stück Ingwer (ca. 30 g)
120 g Zucker
200 ml Apfelsaft
4 – 6 EL milder Weißweinessig
je ½ TL gemahlener Koriander
und Piment
1 TL Salz

1. Die Jalapeños entstielen und längs aufschlitzen, Samen und helle Trennwände entfernen (sehr scharf, eventuell mit Einweghandschuhen arbeiten). Die Schoten waschen, nochmals längs halbieren und in feine Streifen schneiden. Den Knoblauch und den Ingwer schälen und fein hacken.

2. Den Zucker gleichmäßig dünn in einen Topf streuen, mit wenig Wasser beträufeln und bei mittlerer Hitze schmelzen lassen, bis er hellgelb karamellisiert. Jalapeños, Knoblauch und Ingwer dazugeben und den Zucker honiggelb werden lassen.

3. Den Topf vom Herd nehmen und das Karamell mit Apfelsaft und Weißweinessig ablöschen (Achtung, spritzt!). Die Gewürze und das Salz unterrühren, den Topf zurück auf die Kochplatte stellen und die Sauce noch 10 Min. kräftig kochen lassen. Dabei ab und zu umrühren. Sauce in ein Schraubglas füllen, abkühlen lassen. Im Kühlschrank aufbewahren. Haltbarkeit: ca. 2 Monate.

DAZU PASST'S

Am besten zu Geflügel vom Grill servieren, die Sauce schmeckt aber auch zu Fisch und Gemüse.

Knuspriges Zupfbrot mit Bacon-Konfitüre

Für 6 Personen
Zubereitung: ca. 1 Std. 10 Min.
Ruhen: 1 Std. 45 Min.
Backen: 40 Min.
Pro Portion: ca. 545 kcal,
14 g EW, 13 g F, 85 g KH

Für das Zupfbrot:
1 Pck. Trockenhefe
600 g Mehl (Type 550)
2 TL Salz
4 EL Olivenöl

Für die Konfitüre:
100 g Frühstücksspeck (Bacon, in nicht zu dünnen Scheiben)
85 g Schalotten
2 Knoblauchzehen
2 rote, mittelscharfe Chilischoten
1 kleiner Apfel
50 g Rohrzucker
2 EL Cognac
1 EL Aceto balsamico
1 EL Zuckerrübensirup
1 – 2 TL rosenscharfes Paprikapulver
1 TL gemahlene bunte Pfefferkörner
175 ml Weißwein

Außerdem:
Springform (24 cm ⌀)
Fett für die Form
Mehl zum Ausrollen

1. Für das Zupfbrot die Hefe mit 350 ml warmem Wasser verrühren, ca. 15 Min. ruhen lassen. Mehl in eine Schüssel geben und eine Mulde eindrücken. Hefe dazugießen, Salz und 2 EL Öl dazugeben und alles zu einem glatten, weichen Teig verkneten. An einem warmen Ort zugedeckt ca. 1 Std. gehen lassen.

2. Für die Konfitüre den Bacon fein würfeln. In einer beschichteten Pfanne bei schwacher Hitze 15 Min. sanft braten, bis das Fett ausgelassen ist und aufschäumt, dabei ab und zu umrühren. Inzwischen Schalotten und Knoblauch schälen und klein hacken. Die Chilischoten putzen, waschen und ebenfalls klein hacken.

3. Schalotten, Knoblauch und Chilis zum Speck geben und alles weitere 10 Min. braten, dabei ab und zu umrühren. Den Apfel schälen, vierteln, entkernen und klein würfeln. Apfel zum Speck geben, mit Zucker bestreuen und kurz anrösten. Mit Cognac und Balsamico ablöschen. Sirup, Paprikapulver und den Pfeffer dazugeben, Wein aufgießen und alles noch 10 – 15 Min. leise kochen lassen, bis die Konfitüre dickflüssig ist. Abkühlen lassen.

4. Die Springform einfetten. Teig auf einer bemehlten Arbeitsfläche nochmals durchkneten, dann zu einem knapp 1 cm dicken Rechteck ausrollen und mit Konfitüre bestreichen. Die Teigplatte halbieren, die Hälften mit den Konfitüreseiten aufeinanderlegen und in 5 × 10 cm große Rechtecke teilen. Diese quer in der Mitte falten und anschließend dicht nebeneinander aufrecht in die Springform stellen. Das Zupfbrot 30 Min. an einem warmen Ort gehen lassen. Backofen auf 200° vorheizen.

5. Das Brot mit dem restlichen Olivenöl bestreichen und im Ofen (Mitte) 35 – 40 Min. backen, bis die Oberfläche schön gebräunt ist. Nach Bedarf das Brot nach der Hälfte der Backzeit mit Alufolie abdecken, damit es nicht zu dunkel wird.

6. Anschließend das Zupfbrot aus dem Ofen holen, etwas abkühlen lassen und aus der Springform lösen. Auf einem Kuchengitter ganz auskühlen lassen.

Holunderblütensirup

8 Holunderblütendolden vorsichtig ausschütteln, um eventuellen
Schmutz zu entfernen (nicht waschen, sonst geht das Aroma verloren!). Die Blüten in einen Topf mit 300 ml Wasser zupfen, das
Wasser aufkochen, den Topf vom Herd nehmen und den Ansatz
zugedeckt über Nacht ziehen lassen. Dann den Hollersud durch
einen Kaffeefilter seihen, wieder in den Topf geben und mit
400 g Zucker, 3 Bio-Zitronenscheiben und 3 EL Zitronensaft verrühren. Unter Rühren aufkochen und ca. 15 Min. bei schwacher
Hitze köcheln lassen, dabei ab und zu den Schaum abschöpfen.
Den Sirup heiß durch ein Sieb in saubere Flaschen füllen und
verschließen. Im Kühlschrank lagern. Haltbarkeit: 4 Wochen.

Hugo-Cocktail

Für 4 Gläser
Zubereitung: ca. 10 Min.
Pro Portion: ca. 155 kcal,
0 g EW, 0 g F, 12 g KH

600 ml eiskalter Prosecco
80 ml Holunderblütensirup
(siehe linke Seite)
12 Minzeblättchen
12 Eiswürfel
400 ml Mineralwasser
(mit Kohlensäure)
1 Bio-Zitrone

1. Den Prosecco auf 4 bauchige, große Weingläser verteilen. Den Holunderblütensirup und die Minzeblättchen dazugeben und vorsichtig verrühren.

2. Die Eiswürfel auf die Gläser verteilen und das Mineralwasser aufgießen. Die Zitrone vierteln und die Gläser damit garnieren. Vorm Trinken die Zitrone über dem Cocktail ausdrücken.

VARIANTE: INGE-COCKTAIL

600 ml eiskalten Prosecco auf 4 bauchige, große Weingläser verteilen. 80 ml Ingwersirup, 8 hauchdünne Ingwerscheibchen und 12 Basilikumblättchen dazugeben, umrühren. Jedes Glas mit 1 Schuss spritzigem Mineralwasser aufgießen.

Ananasbowle aus Hawaii

Für 3 l Bowle
Zubereitung: ca. 20 Min.
Tiefkühlen: 12 Std.
Pro Portion (bei 15): ca. 180 kcal,
0 g EW, 0 g F, 18 g KH

1 kleine Ananas
4 EL Zucker
100 ml Brandy oder Cognac
½ l Ananassaft
1 ½ l eiskalter Weißwein
¾ l eiskalter trockener Sekt

1. Von der Ananas den Strunk und den Stielansatz entfernen. Die Frucht schälen und mit einem kleinen spitzen Messer die braunen »Augen« ausstechen. Ananas längs vierteln, den harten Strunk in der Mitte wegschneiden.

2. Ananasviertel in kleine Stücke schneiden und in eine runde Gefrierdose (mit einem etwas kleineren Durchmesser als der des Bowlengefäßes, notfalls einfach einen Gefrierbeutel nehmen) geben, mit Zucker bestreuen und mit dem Brandy oder Cognac übergießen. Die Dose verschließen und 12 Std. (am besten über Nacht) ins Tiefkühlfach stellen. Ananassaft in einen Eiswürfelbehälter füllen und ebenfalls gefrieren lassen.

3. Die Gefrierdose ca. 30 Min. vor dem Servieren kurz in heißes Wasser halten, dann das große Stück »Ananaseis« in ein Bowlengefäß geben und mit dem Weißwein übergießen. Kurz vor dem Servieren die Ananassaft-Eiswürfel dazugeben und anschließend die Bowle mit dem gekühlten Sekt auffüllen.

Eistee-Pfirsich-Punsch

Für 3 l Punsch
Zubereitung: ca. 20 Min.
Ruhen: 1 Std.
Pro Portion (bei 15): ca. 80 kcal,
0 g EW, 0 g F, 19 g KH

12 Teebeutel Ceylon-Tee
4 vollreife gelbe Pfirsiche
200 g Zucker
½ l Orangensaft
500 g Eiswürfel
5 Stängel Minze

1. Die Teebeutel in eine große Kanne hängen. 2 l Wasser aufkochen und über die Teebeutel gießen, 4 Min. ziehen lassen. Die
Teebeutel herausheben (nicht ausdrücken, sonst wird der Tee
trübe). Den Tee 30 Min abkühlen lassen.

2. Die Pfirsiche mit kochend heißem Wasser kurz überbrühen,
häuten und entkernen. Das Fruchtfleisch klein würfeln und in
ein Bowlengefäß geben. Mit Zucker bestreuen und den abgekühl-
ten Tee darübergießen. Den Ansatz 30 Min. ziehen lassen.

3. Den Orangensaft und die Eiswürfel unterrühren. Die Minze
abbrausen und trocken schütteln, die Blättchen abzupfen und
zum Punsch geben. Noch einmal umrühren und servieren.

PRAXISTIPP

Ceylon-Tee wird nicht trübe und kann wie oben beschrieben zu
Punsch verarbeitet werden. Bei anderen Teesorten einen großen
Krug mit den Eiswürfeln füllen, den heißen Tee darübergießen
und auskühlen lassen – so bleibt die Farbe und das Aroma des
Tees optimal erhalten.

Zitronenbowle

Für 2 l Bowle
Zubereitung: ca. 15 Min.
Ruhen: 30 Min.
Pro Portion (bei 10): ca. 160 kcal,
0 g EW, 0 g F, 11 g KH

2 Bio-Zitronen
4 – 5 EL Zucker
1 l trockener Weißwein
¾ l eiskalter Prosecco
200 g Eiswürfel

1. Die Zitronen heiß waschen und die Schalen mit einem Sparschäler als langen, hauchdünnen Streifen abschälen. Die Schalenspiralen in ein Bowlengefäß geben, den Zucker darüberstreuen und die Hälfte des Weißweins aufgießen. Den Ansatz ca. 30 Min. ziehen lassen.

2. Die Zitronen auspressen und den Saft durch ein feines Sieb zum Zitronenwein gießen. Restlichen Wein und den Prosecco aufgießen, die Eiswürfel dazugeben und die Bowle servieren.

SO SCHMECKT'S AUCH
Statt mit Prosecco kann die Bowle auch mit kohlensäurehaltigem Mineralwasser aufgegossen werden.

Für diesen Bowlen-Klassiker werden die Zitrusfrüchte eigentlich samt Schale in Stücke geschnitten, was die Sangria gern leicht bitter macht. Darum am besten die Früchte schälen und nur die Filets verwenden.

Sangria mit Nektarinen

Für 2 l Bowle
Zubereitung: ca. 30 Min.
Ruhen: 2 Std.
Pro Portion (bei 10): ca. 175 kcal,
1 g EW, 0 g F, 20 g KH

2 Bio-Orangen
1 Bio-Zitrone
2 EL Zucker
3 vollreife Nektarinen
200 g kernlose grüne Weintrauben
1 Zimtstange
2 Nelken
6 EL Orangenlikör
1 ½ l kalter spanischer Rotwein (z. B. ein trockener Tempranillo)
200 g Eiswürfel

1. Die Orangen und die Zitrone heiß waschen und die Schalen mit dem Sparschäler in langen Streifen hauchdünn abschälen (ohne die weiße Haut darunter) (Bild 1). Schalenstreifen in ein Bowlen-gefäß geben und mit dem Zucker bestreuen.

2. Weiße Haut der Zitrusfrüchte mit dem Messer abschneiden. Die Fruchtfilets zwischen den Trennwänden herausschneiden, dabei den Saft auffangen (Bild 2), Fruchtreste fest ausdrücken. Aufgefangenen Saft durch ein feines Sieb in das Bowlengefäß gießen. Zitrusfilets in Stücke schneiden, ebenfalls hineingeben.

3. Die Nektarinen waschen, halbieren und entsteinen (Bild 3). Das Fruchtfleisch klein würfeln. Die Trauben waschen und halbieren. Beides zu den Zitrusstücken geben.

4. Die Zimtstange einmal durchbrechen und mit den Nelken in ein Tee-Ei oder einen Teefilterbeutel geben, in das Bowlengefäß hängen. Den Orangenlikör und ca. ¼ l Rotwein dazugießen und den Ansatz abgedeckt 1 – 2 Std. ziehen lassen.

5. Zum Servieren die Gewürze entfernen, die Eiswürfel und den restlichen Rotwein zum Ansatz geben, umrühren. Die Sangria mit den Fruchtstücken auf Gläser verteilen, Löffel dazu reichen.

SO SCHMECKT'S AUCH

Für eine Autofahrer-Sangria die Bowle statt mit Likör und Wein mit 1 l roten Früchtetee und ½ l rotem Traubensaft ansetzen und mit 1 Schuss Holunderblütensirup (siehe S. 146) süßen.

1 *Zitrusschalen möglichst hauch-dünn abschälen (am besten geht das mit einem Sparschäler) – die weiße, pelzige Haut darunter ist sehr bitter. Dann die Schalen mit etwas Zucker bestreuen, damit das Aroma freige-setzt wird.*

2 *Mit dem Messer von den Zitrusfrüchten oben und unten eine Scheibe abschneiden. Die Früchte auf einen Teller setzen und nach und nach die weiße Haut abschälen. Dann die Filets zwischen den hellen Trenn-wänden herausschneiden, dabei den ablau-fenden Saft auffangen.*

3 *Zum Entsteinen der Nektarinen die Früchte entlang der »Naht« bis auf den Kern einschneiden, dann die Hälften ohne zu viel Druck gegenein-anderdrehen. Den Stein, der in einer Hälfte zurückbleibt, mit einem spitzen Messer auslösen.*

Gummibärchen-Kinderpunsch

Für 2 ½ l Punsch
Zubereitung: ca. 30 Min.
Ruhen: 2 Std.
Pro Portion (bei 12): ca. 95 kcal,
0 g EW, 0 g F, 22 g KH

5 EL Waldfrüchte-Teemischung
100 g Zucker
100 g Gummibärchen
¾ l weißer Traubensaft
3 Orangen
1 Bio-Zitrone
100 g Ananasstücke (frisch oder
aus der Dose)
½ l kaltes Mineralwasser
(mit Kohlensäure)

1. Die Waldfrüchte-Teemischung in einen Topf mit 1 l Wasser geben, aufkochen. Vom Herd nehmen und abgedeckt 10 Min. ziehen lassen. Dann den Tee durch ein feines Sieb in eine Kanne gießen und 75 g Zucker unterrühren. Den Tee abkühlen lassen und anschließend kalt stellen.

2. Zwischendurch die Gummibärchen in einem Eiswürfelbehälter verteilen, mit etwas Traubensaft bedecken und ins Tiefkühlfach stellen, bis sie gebraucht werden.

3. Die Orangen auspressen und den Saft durch ein feines Sieb in ein Bowlengefäß gießen. Die Zitrone heiß waschen und in dünne Scheiben schneiden, dabei die Kerne entfernen. Die Zitronenscheiben zum Orangensaft geben. Den Waldfrüchte-Tee und den restlichen Traubensaft dazugießen, den Ansatz 2 Std. kalt stellen.

4. Die Ananasstücke eventuell etwas kleiner schneiden, in den Punsch-Ansatz geben (bei Dosen-Ananasstücken vielleicht auch noch etwas Ananassaft untermischen). Kurz vorm Servieren den Punsch mit dem Mineralwasser aufgießen, mit übrigem Zucker abschmecken und die Gummibärchen-Eiswürfel dazugeben. In Gläsern mit Trinkhalmen und Löffeln servieren.

VARIANTE: PIÑA COLADA FÜR KIDS

Für 1 l alkoholfreien Piña Colada ½ l Ananassaft (auch sehr gut: 500 g frisches Ananasfruchtfleisch in groben Stücken) mit jeweils 200 ml Orangen- und Bananensaft in einen Mixer füllen. 50 ml Kokossirup oder Kokosmilch und 10 Eiswürfel dazugeben. Alles 30 Sek. durchmixen. Den Cocktail in Gläser füllen und mit dicken Trinkhalmen servieren. Wer mag, kann die Gläser ganz stilecht noch mit kleinen Spießen, auf denen Ananasstückchen und kandierte Kirschen stecken, garnieren.

Register

Appetit auf mehr?

PARTYREZEPTE
Nichts wie ran ans Büfett!
ISBN 978-3-8338-4475-1

FINGERFOOD
Partyhäppchen ohne Besteck
ISBN 978-3-8338-3964-1

Pesto, Salsa & Co. selbst gemacht
ISBN 978-3-8338-4430-0

COCKTAIL CLASSICS
ISBN 978-3-8338-4121-7

FLEISCH!
DAS GOLDENE VON GU
ISBN 978-3-8338-4467-6

GRILLEN
Raffiniertes vom Rost
ISBN 978-3-8338-3770-8

 Auch als eBook erhältlich.

Mehr von GU auf **www.gu.de** und
f **facebook.com/gu.verlag**

GU
Willkommen im Leben.

Der Autor

Reinhardt Hess grillt mit Leidenschaft. Den ganzen Sommer über auf Inseln im Süden Europas unterwegs, ließ er sich von der Mittelmeerküche inspirieren und kam mit vielen neuen Grill-Ideen zurück, die er für dieses Buch auch sogleich aufs Papier brachte. Der Geruch glühender Holzkohle, auf dem Tisch saftiges Fleisch, lecker marinierte Gemüse und knackige, bunte Salate – das ist für ihn der Inbegriff des Sommers. Dass großes Grillvergnügen auch ganz leicht gelingen kann, hat der erfahrene Buchautor und Food-Journalist mit diesen Rezepten wieder einmal unter Beweis gestellt.

Der Fotograf

Klaus-Maria Einwanger setzt in seiner food art factory vor allem im Süden von München und in London Foodthemen mal stylisch, mal emotional um und schafft eine Atmosphäre, die Lust auf mehr macht. Für Grillvergnügen fotografierte er im wunderschönen Voralpenland in Nachbarsgärten, an Seen sowie bei Freunden auf dem Balkon. Das Foodstyling zeichnet sich durch die Handschrift von Sven Dittmann aus. Rund um Ausstattung, Styling und Requisite bewies Nicole Dietzinger ihren Ideenreichtum. Extra Dank geht an die Models, Bekannte und Nachbarskinder, die viel Spaß beim Grill-Shooting hatten.

Bildnachweis

Fotos S. 6/7: Michael Brauner; alle anderen Fotos: Klaus-Maria Einwanger, Rosenheim

Projektleitung: Karina Rernböck
Lektorat, Satz/DTP, Gestaltung:
Redaktionsbüro Christina Kempe, München
Korrektorat: Petra Bachmann
Layoutgestaltung: independent Medien-Design, Horst Moser, München
Umschlaggestaltung: lauterbach wiechendorf design, Berlin
Herstellung: Martina Koralewska
Reproduktion: Medienprinzen, München
Druck und Bindung: Firmengruppe APPL, aprinta druck, Wemding
Printed in Germany
Syndication: www.jalag-syndication.de

Umwelthinweis:
Dieses Buch ist auf PEFC-zertifiziertem Papier aus nachhaltiger Waldwirtschaft gedruckt.

Backofenhinweis:
Die Backzeiten können je nach Herd variieren. Die Temperaturangaben beziehen sich auf das Backen im Elektroherd mit Ober- und Unterhitze und können bei Gasherden oder Backen mit Umluft abweichen. Details entnehmen Sie bitte Ihrer Gebrauchsanweisung.

Liebe Leserin, lieber Leser,

haben wir Ihre Erwartungen erfüllt? Sind Sie mit diesem Buch zufrieden? Haben Sie weitere Fragen zu diesem Thema? Wir freuen uns auf Ihre Rückmeldung, auf Lob, Kritik und Anregungen, damit wir für Sie immer besser werden können.

GRÄFE UND UNZER Verlag
Leserservice
Postfach 86 03 13
81630 München
E-Mail:
leserservice@graefe-und-unzer.de

Telefon: 00800 / 72 37 33 33*
Telefax: 00800 / 50 12 05 44*
Mo–Do: 9.00 – 17.00 Uhr
Fr: 9.00 – 16.00 Uhr
(* gebührenfrei in D, A, CH)

Ihr GRÄFE UND UNZER Verlag
Der erste Ratgeberverlag – seit 1722.

ISBN 978-3-8338-5275-6

1. Auflage 2016

Die GU-Homepage finden Sie unter www.gu.de

 www.facebook.com/gu.verlag

GRÄFE UND UNZER

Ein Unternehmen der
GANSKE VERLAGSGRUPPE